William Shakespeare

Koning Jan

William Shakespeare

Koning Jan

ISBN/EAN: 9783337363505

Printed in Europe, USA, Canada, Australia, Japan

Cover: Foto ©Thomas Meinert / pixelio.de

More available books at **www.hansebooks.com**

Koning Jan.

Personen:

Koning JAN.
Prins HENDRIK, zijn zoon.
ARTHUR, hertog van Bretagne.
WILLIAM MARESCHALL, graaf van Pembroke.
GEFFREY FITZPETER, graaf van Essex.
WILLIAM LONGSWORD, graaf van Salisbury.
ROBERT BIGOT, graaf van Norfolk.
HUBERT DE BURGH, kamerheer des Konings.
ROBERT FAULCONBRIDGE.
PHILIP FAULCONBRIDGE.
JAMES GURNEY, dienaar van Lady Faulconbridge.
PETER van Pomfret.
PHILIPS, koning van Frankrijk.
LODEWIJK, de Dauphijn.
De Hertog van Oostenrijk.
Kardinaal PANDULFO, pauselijk legaat.
MELUN, een Fransch edelman.
CHATILLON, Gezant van Frankrijk.
ELEONORE, weduwe van koning Hendrik den Tweeden.
CONSTANCE, moeder van Arthur.
BLANCA, dochter van koning Alfonso van Castilië.
Lady FAULCONBRIDGE.
Lords en Edelvrouwen, Burgers van Angers, een Sheriff, Herauten, Officieren, Soldaten, Boden en Gevolg.

Het tooneel is gedeeltelijk in Engeland, gedeeltelijk in Frankrijk.

Eerste Bedrijf.

Eerste Tooneel.

Northampton. *Een statiezaal in het paleis.*

Koning Jan, *Koningin* Eleonore, *de Graven van* Pembroke, Essex, Salisbury, *en Anderen met* Chatillon *komen op*.

Koning Jan.
> Meld, Chatillon, wat Frankrijk van ons wil.

Chatillon.
> Aldus spreekt, na begroeting, Frankrijks koning,
> Door heel mijn doen, tot deze majesteit,
> Tot de geborgde majesteit van England:—

Eleonore.
> Een vreemd begin: geborgde majesteit!

Koning Jan.
> Stil, lieve moeder, hoor de boodschap aan!

Chatillon.

Philips van Frankrijk, handlend voor 't goed recht
Des zoons van wijlen uwen broeder Godfried,
Arthur Plantagenet, eischt wett'lijk op
Dit heerlijk eiland en de verdre landen:
Ierland, Poitiers, Touraine, Anjou en Maine;
Hij vordert, dat gij u van 't zwaard ontdoet,
't Welk wederrecht'lijk dit gebied beheerscht,
En dat gij 't aan den jongen Arthur reikt,
Uw neef, uw koning en uw opperheer.

Koning Jan.

En wat staat ons te wachten, zoo wij weig'ren?

Koning Jan, Eerste Bedrijf, Eerste Tooneel.

Chatillon.
>De trotsche dwang van fellen, bloedige' oorlog,
>Om u te ontrooven, wat ge als roover hebt.

Koning Jan.

Wij hebben krijg voor krijg en bloed voor bloed
En dwang voor dwang; breng dit aan Frankrijk over.

Chatillon.

Zoo zegt mijn vorst door mijn mond krijg u aan,
Als van mijn zending 't allerlaatste woord.

Koning Jan.

Breng hem dan 't mijne en ga in vrede heen;
Wees als een bliksemstraal voor Frankrijks oogen,
Want eer gij, dat ik kom, hem melden kunt,
Zal hij van mijn geschut den donder hooren.
Dus voort! wees gij trompet van onze gramschap,
Het somber voorspook van uw eigen val.—
Een eervol uitgeleide komt hem toe;
Pembroke, verleen dit.—Chatillon, vaarwel!

(CHATILLON *en* PEMBROKE *af.*)

Eleonore.

Ziet gij, mijn zoon? heb ik niet steeds gezegd,
Constance's eerzucht zou geen rust zich gunnen,
Aleer zij Frankrijk en geheel de wereld
Voor 't recht haars zoons in vlammen had gezet?
Men had dit kunnen schikken en voorkomen
Door overreding, zachte minzaamheid,
Wat nu twee koninkrijken handlen doet,
Door schriklijk, bloedig doen beslecht moet worden.

Koning Jan.

Ons is de macht van het bezit, en 't recht.

Eleonore

(*fluisterend*). De macht van het bezit veel meer dan 't recht;
Of anders zou 't ons beiden slecht vergaan.
Dit fluistert mijn geweten u in 't oor,
Wat God en gij en ik, geen ander hoor'!

(*De Sheriff van Northamptonshire komt op en spreekt zacht met* ESSEX.)

Essex.
> Mijn vorst, daar wordt van 't platteland een zaak,
> Het vreemdst geding voor uwen rechterstoel
> Gebracht, dat ooit mij voorkwam.—Zal ik, heer,
> De menschen voor u brengen?

Koning Jan.
> Dat zij komen!

(De Sheriff af.)

> De kloosters en abdijen leev'ren mij
> Het geld voor dezen tocht.

(De Sheriff komt weder op, met Robert Faulconbridge *en diens Bastaardbroeder* Philip.*)*

> Wie zijt gij beiden?

Bastaard.
> Ik, heer, een onderdaan, u trouw, een jonker
> Hier uit Northamptonshire, en oudste zoon,
> Naar ik vermeen, van Robert Faulconbridge,
> Een' krijger, rijk in eer, wijl hem de hand
> Van Leeuwenhart in 't veld tot ridder sloeg.

Koning Jan.
> En wie zijt gij?

Robert.
> De zoon en erfgenaam
> Van wien hij noemt, den ridder Faulconbridge.

Koning Jan.
> Hij de oudste zoon, en gij zijn erfgenaam?
> Dus zijt gij, schijnt het, niet van ééne moeder?

Bastaard.
> Van ééne moeder zeker, machtig koning;
> Dit weet men; ook van éénen vader, meen ik;

    Doch voor de zeek're kennis dezer waarheid
    Verwijs ik u tot God en tot mijn moeder;
    Ik twijfel, zooals elk mans-kind mag doen.

Eleonore.

    Foei, ruwe knaap! gij schandvlekt uwe moeder,
    En wondt haar eer door zulk een achterdocht.

Bastaard.

    Ik, eedle vrouwe? neen, ik heb geen reden;
    Mijn broeder werpt den twijfel op, niet ik;
    En als hij 't kan bewijzen, dan ontkaapt hij
    Voor 't minst mij 's jaars vijfhonderd pond. De hemel
    Behoed' mijn moeders eer en ook mijn land!

Koning Jan.

    Een wakk're stoute borst!—Waarom maakt hij,
    De jongre zoon, dan aanspraak op uw erfgoed?

Bastaard.

    Waarom? vermoedlijk om 't bezit van 't land.
    Doch eens maar noemde mij zijn laster bastaard;
    Maar of ik evenzoo in deugd verwekt ben
    Of niet, kome enkel op mijn moeders hoofd;
    Maar dat ik even goed verwekt ben, heer,—
    't Gebeente heil, dat eens om mij gesloofd heeft!—
    Zie ons hier naast elkaar en oordeel zelf.
    Verwekte ons de oude Robert beide', en is
    Die zoon zijn evenbeeld,—dan, oude Robert,
    Mijn vader, dank ik op de knieën nu
    Den hemel, dat ik niet gelijk op u!

Koning Jan.

    Wat voor een dolkop stuurt ons daar de hemel!

Eleonore.

    Hij heeft iets in 't gelaat van Leeuwenhart;
    En ook zijn spreken doet mij aan hem denken.
    Vindt gij ook niet gelijk'nis met mijn zoon
    In heel den forschen bouw van dezen man?

Koning Jan.
>   Mijn oog heeft heel zijn uiterlijk getoetst;
>   't Is of men Richard zelf ziet.—(*Tot* ROBERT.) Kerel, spreek
>   Wat drijft u, om uws broeders land te vordren?

Bastaard.
>   Dat hij een half-gezicht heeft, als mijn vader!
>   Dat half-gezicht verlangt geheel mijn land,
>   Een halfkop-groot vijfhonderd pond in 't jaar!

Robert.
>   Doorluchtig koning, toen mijn vader leefde,
>   Heeft menigmaal uw broeder hem gebezigd,—

Bastaard.
>   Wel man, zoo wint gij mij mijn land niet af;
>   Zeg eer, hoe hij mijn moeder bezighield.

Robert.
>   En eens zond hij hem als gezant naar Duitschland,
>   Om over zaken van het hoogst belang,
>   Toen hangend, met den keizer te onderhandlen.
>   De koning nam zijn afzijn toen te baat
>   En woonde intusschen in mijns vaders huis.
>   Daar slaagde hij, ik mag niet zeggen hoe,
>   Maar waar is waar;—een breede zee, veel land
>   Lag tusschen mijnen vader en mijn moeder,—
>   Zooals ik van mijn vader zelf vernam,—
>   Toen deze drieste jonker werd verwekt.
>   Op 't doodsbed liet hij bij zijn laatsten wil
>   Zijn land aan mij en wilde er wel op sterven,
>   Dat hij, mijn moeders zoon, zijn zoon niet was;
>   Of, was hij 't, dat hij volle veertien weken,
>   Aleer zijn tijd er was, ter wereld kwam.
>   Daarom, mijn beste vorst, geef mij het mijne,
>   Mijns vaders land, dat hij mij heeft vermaakt.

Koning Jan.
>   Uw broeder, heerschap, is een wettig zoon, 116

Geboren uit uws vaders vrouw, in 't huwlijk;
En speelde zij valsch spel, dan draagt zij schuld,
Maar aan die schuld moet ieder man, die trouwt,
Zich wagen. Hoe toch, spreek, indien mijn broeder
Eens dezen zoon, dien hij verwekt heeft, zegt ge,
Als zijn zoon van uw vader had geëischt?
Uw vader kon, zelfs tegen heel de wereld,
Dat kalf van zijne koe voor zich behouden,
Naar recht; hem mocht, al was hij van mijn broeder,
Mijn broeder toch niet vordren, noch uw vader,
Al was hij niet van hem, verlooch'nen. Dus,
Mijn moeders zoon verwekte uws vaders erfzoon;
Uws vaders erfzoon erft uws vaders land.

Robert.

Mijns vaders laatste wil heeft dus geen kracht,
Om 't kind te onterven, dat zijn kind niet is?

Bastaard.

Zoo min de kracht, om mij te onterven, man,
Als hij den wil had, om mij voort te brengen.

Eleonore.

Wat wilt gij liever zijn, een Faulconbridge,
En, als uw broeder, leven van uw land,
Of, als de zoon van Leeuwenhart geschat,
Heer van uzelf zijn, niet van land er bij?

Bastaard.

Vorstin, ja, had mijn broeder mijn gestalte,
En ik de zijne, die van de' ouden Robert,
En was mijn been gelijk het zijne een zweepriet,
Mijn arm een opgevulde palinghuid,
En mijn gezicht zóó smal, dat ik geen roos
Mij achter 't oor dorst steken, wijl het volk
Zou zeggen; „kijk eens, een twee-blanken-stuk!"
En erfde ik met dat uitzicht al zijn land,—
Zoo waar een ander man hier voor u staat—
'k Gaf elken voetbreed weg voor dit gelaat;
Sir Bob te zijn wordt diep door mij versmaad.

Eleonore.

    Ik mag u wel. Wilt gij van 't erfgoed afzien,
    Uw land aan hèm vermaken en mij volgen?
    Ik ben soldaat, en trek naar Frankrijk thans.

Bastaard.

    Neem, broeder, gij mijn land, ik waag de kans.
    Win 's jaars met uw gezicht vijfhonderd pond.
    Schoon 't voor een schelling wis geen kooper vond.
    Verheven vrouwe, ik volg u in den dood.

Eleonore.

    Neen, daarin laat ik u veel liever voorgaan.

Bastaard.

    Voor hoog'ren wijken wij op 't land steeds uit.

Koning Jan.

    Hoe is uw naam?

Bastaard.

    Philip, heer, en, opdat ik 't al ontvouw,
    'k Ben oudste zoon van ouden Roberts vrouw.

Koning Jan.

    Noem u voortaan naar hem, wien gij gelijkt.
    Kniel, Philip;—blijf als ridder zonder smet;—
    Rijs op, Sir Richard, en Plantagenet.

Bastaard.

    Broeder van moederswege, reik me uw hand;
    Mij schonk mijn vader eer, u de uwe land.—
    Gezegende ure, die, bij nacht of dag,
    Mij, toen Sir Robert ver was, worden zag!

Eleonore.

    De geest, heel de aard van een Plantagenet!
    Noem mij grootmoeder, Richard, want dat ben ik.

Bastaard.

> Door toeval, maar niet wettig, dit erken ik;—
> Wat nood? Men volgt een weg, al is hij krom;
> De straat versperd, welnu, men neemt een steeg;
> Wie dagschuw is, hij loopt bij nacht wat om;
> Iets hebben blijft toch hebben, hoe men 't kreeg;
> Goed schiet, wie raakt, 't moog' ver zijn of nabij;
> Ik ben, die 'k ben, hoe mijn geboorte ook zij.

Koning Jan.

> Ga, Faulconbridge, voldaan en welgemoed,
> Gegoed nu door een ridder zonder goed.—
> Kom, moeder, Richard, kom, ons roept de strijd
> Naar Frankrijk, Frankrijk; vlug, 't is meer dan tijd.

Bastaard.

> Vaar, broeder, wel; u sta 't geluk ter zij;
> En wees steeds met uw wettigzoonschap blij!

(Allen af, op den Bastaard na.)

> In eer een voet verhoogd bij wat ik was,
> Maar menig, menig voetbreed land verarmd.
> Hoe 't zij, elk Grietje kan ik lady maken.—
> „Sir Richard, goeden avond!"—„Dank u, man;"
> En als hij Heintje heet, noem ik hem Peter;
> Want nieuwe rang vergeet den naam van mind'ren;
> 't Waar' te gemeenzaam na zoo'n standverand'ring,
> Te vriendlijk.—Nu zoo'n reiziger, gesierd
> Met tandenstoker aan mijn ridderdisch;—
> En is mijn welgeboren maag voldaan,
> Dan zuig ik aan mijn tanden, en ik vraag
> Den opgeprikten reisman:—„Zeg, mijn waarde,"
> Begin ik, steunend op mijn elleboog,
> „Doe mij 't genoegen—", dit nu is de vraag,
> En antwoord volgt, als in den catechismus;
> „O zeker, Sir," zegt antwoord, „als gij wilt,
> Gansch tot uw dienst, tot uw beschikking, Sir."
> „Neen," zegt dan vraag weer, „neen, ik gansch tot de uwe."
> En zoo, eer antwoord weet, wat vraag verlangt,

Behalve alleen het complimenten wiss'len,
Volgt praten over Alpen, Apennijnen,
De Po, de Pyreneën en Milaan,
En sluipt de tijd van 't avondeten aan.
Maar dit is ook hoogedele omgang, passend
Aan iemand, die omhoogstijgt, zooals ik;
Want hij is slechts een bastaard voor de wereld,
Die niet een bijsmaak heeft van wereldwijsheid,—
Ik ben het trouwens met of zonder bijsmaak,—
En niet alleen in praten en manieren,
In zichtbare' opschik, uiterlijken vorm,
Maar bovendien door de aandrift om den smaak
Des tijds te streelen met zoet, zoet, zoet gif.
Ikzelf wil dit niet doen, om te bedriegen,
Doch leeren wil ik 't, om bedrog te mijden;
Mijn opgaand pad is dik er mee bestrooid.
Maar wie komt met die haast, in rijgewaad?
Een vrouw, die renbode is? heeft zij geen man,
Die vóór haar op den horen blazen wil?

(*Lady* FAULCONBRIDGE *en* JAMES GURNEY *komen op.*)

O wee, het is mijn moeder!—Beste lady,
Wat voert u hier met zulk een haast naar 't hof?

Lady Faulconbridge.

Waar is die schelm, uw broeder? waar, waar is hij,
Die jacht maakt, door de straten, op mijn eer?

Bastaard.

Mijn broeder Robert, zoon van de' ouden Robert?
De Philistijnsche reus, de sterke man?
Is het Sir Roberts zoon, dien gij zoo zoekt?

Lady Faulconbridge.

Sir Roberts zoon! Ja, oneerbiedig wezen,
Sir Roberts zoon; wat spot gij met Sir Robert?
Hij is Sir Roberts zoon, zoowel als gij.

Bastaard.

James Gurney, laat ons hier een poos alleen.

Gurney.

    Goed, beste Philip.

Bastaard.

                  Philip! noem een musch zoo!
    Ga, James! er broeit iets; weldra hoort gij meer.

                                (GURNEY *af.*)

    Mevrouwe, 'k ben geen zoon van de' ouden Robert;
    Sir Robert mocht zijn deel aan mij vrij eten
    Op Goeden Vrijdag; 't brak zijn vasten niet.
    Wat ook Sir Robert doen kon,—spreek, kon hij
    Ooit mij verwekken? Neen, dit kon hij niet;
    Wij weten, wat hij wrochtte.—Daarom, moeder,
    Wien ben ik dank verplicht voor deze leden?
    Nooit hielp Sir Robert, om dit been te maken.

Lady Faulconbridge.

    Hebt gij ook met uw broeder saamgezworen? 241
    Reeds om u zelf moest gij mijn eer behoeden.
    Wat meent gij met dien spot, aartslompe knaap?

Bastaard.

    Knaap?—Ridder, ridder; goede moeder, ja;
    Ik heb den slag; hier zit hij op mijn schouder.
    Maar, moeder, ik ben niet Sir Roberts zoon;
    Ik heb Sir Robert en zijn land verloochend,
    Mijn wettige geboorte, naam en alles.
    Dies, goede moeder, zeg, wie was mijn vader?
    Ik hoop, een wakker man; wie was het, moeder?

Lady Faulconbridge.

    Hebt gij den naam van Faulconbridge verloochend?

Bastaard.

    Zoo zeker, ja, als ik 't den duivel doe.

Lady Faulconbridge.

    Uw vader?—Koning Richard Leeuwenhart!

>   Verleid werd ik door lang en heftig dringen
>   Hem plaats te geven in mijn huwlijksbed.—
>   God! leg mij mijn misstap niet ten laste!
>   Gij zijt de vrucht der zonde, die mijn ziel
>   Zóó fel bestookte, dat ik, weerloos, viel.

Bastaard.

>   Bij God, ware ik nog eenmaal te verwekken,
>   Een beet'ren vader, moeder, wenschte ik niet.
>   O, enk'le zonden zijn op aard bevoorrecht,
>   Zoo de uwe; 'k zeg, uw feil was geen verdwaasdheid;
>   Gij moest voor liefde, die gebiedend was,
>   Uw hart aan hem, als hulde, ootmoedig wijden,
>   Met wiens voorbeeldelooze kracht en woede
>   Zelfs de onverschrokken leeuw niet kampen kon,
>   Die 't vorstlijk hart aan zijne hand moest afstaan.
>   Wie met geweld aan leeuwen 't hart ontrooft,
>   Verovert licht dat van een vrouw. Ja, moeder,
>   Ik dank van ganscher harte u voor mijn vader!
>   Wie zegt, dat mijn verwekking overspel
>   En zonde was, ik zend zijn ziel ter hel.
>   Kom, moeder, mijne maagschap moet u zien;
>   Dan hoort gij, of 't niet eer hun zondig scheen,
>   Toen Richard u bestormde, hem te ontvliên;
>   Gij zondig? leugen is 't; neen, zeg ik, neen!

(Beiden af.)

Tweede Bedrijf.

Eerste Tooneel.

F r a n k r ij k . *Voor de muren van* A n g e r s .

Van de eene zijde komt de Hertog van Oostenrijk met troepen op, van de andere Philips, *koning van Frankrijk met troepen,* Lodewijk, Constance, Arthur *en Gevolg.*

Lodewijk.

    Wees welkom voor Angers, koen Oostenrijk!—
    Arthur, uw groote bloedverwant en voorzaat,
    Richard, die eens den leeuw het hart ontrukte,
    Den heil'gen krijg in Palestina streed,
    Zonk vroeg in 't graf door dezen dapp'ren hertog;
    En om dit aan zijn nazaat goed te maken,
    Verscheen hij thans op onzen aandrang hier,
    Om, knaap, voor u zijn krijgsbanier te ontplooien,
    En Jan van England, uw ontaarden oom,
    Te straffen voor zijn wet- en rechtloos doen.
    Omarm, bemin hem, heet hem welkom hier.

Arthur.

    God zal den dood van Leeuwenhart vergeven,

Te meer, nu gij zijn kroost nieuw leven schenkt,
Hun recht beschaduwt met uw oorlogswieken.
Met krachtelooze hand bied ik u 't welkom,
Maar met een hart vol vlekloos reine liefde;
Wees welkom voor Angers, doorluchte hertog!

Lodewijk.

Een eed'le knaap! wie zou uw recht niet staven?

Oostenrijk.

Ik druk op uwe wang deez' vuur'gen kus,
Als zegel op 't verdrag van mijne liefde,
Dat ik niet eer terugkeer naar mijn huis,
Voordat Angers en heel uw recht in Frankrijk,
En ook dat bleek, dat wit uitziende strand,—
Welks voet het loeiend golfgeklots terugwerpt,
En 't eilandvolk van andre landen afsluit,—
Voordat dit Engeland, door de zee omheind,
Dit vocht-omschanste bolwerk, dat zich zo
Voor elken vreemden aanslag veilig acht,
Voordat die verre westeruithoek u
Als koning groet; tot zoolang, lieve knaap,
Denk ik niet aan mijn huis, en blijf in 't veld.

Constance.

Aanvaard zijn moeders dank, der weduw dank,
Totdat uw sterke hand hem sterkte geeft,
Om ruimer uwe liefde u te vergelden.

Oostenrijk.

Des hemels vrede loont een elk, die 't zwaard
In zulk een heil'gen strijd als christen heft.

Koning Philips.

Komt dan, aan 't werk! Op 't voorhoofd dezer stad,
Die ons weerstaat, zij ons geschut gericht.
Roept onze meesters in de krijgskunst hier,
Om 't beste plan voor de' aanval uit te kiezen.
Al moest ik ook mijn vorstlijk rif hier laten,
Door 't bloed van Franschen waden tot de markt,

Ik dwing de stad, den knaap als heer te erkennen.

Constance.

Wacht eerst het antwoord op uw zending af, 44
Opdat ge uw zwaarden niet te vroeg bevlekt.
Misschien brengt Chatillon in vrede 't recht
Uit England, dat gij door den krijg hier eischt;
Dan zou ons ieder druppel bloeds berouwen,
Ten onrecht door te fellen haat geplengd.

(CHATILLON *komt op.*)

Koning Philips.

Vorstin, een wonder!—zie, op uwen wensch
Komt onze bode Chatillon terug.
Zeg, edel heer, beknopt, wat England zegt;
Wij wachten kalm op u; spreek, Chatillon.

Chatillon.

Staak dan 't beleg van deze armzaal'ge stad,
En spoor uw leger tot een grootscher taak.
England, uw billijke eischen driest verwerpend,
Heeft zich terstond gewapend. Tegenwind,
Welks duur ik af moest wachten, gaf hem tijd
Gelijk met mij zijn leger te doen landen.
Hij nadert deze stad met snelle marschen;
Zijn heer is sterk, zijn krijgers zijn vol moed;
En met hem komt de koninginnemoeder,
Een Ate, die tot bloed en strijd hem spoort;
Haar nicht verzelt haar, Blanca van Castilië;
Alsmede een bastaard des gestorv'nen konings;
En al de dolle drift van 't gansche land,
Vrijwill'ge krijgers, niets ontziend, woest, vurig,
Met meisjeswangen en met drakenfelheid,
Zij hebben al hun goed'ren ginds verkocht,
En dragen fier hun erfdeel op den rug,
En zetten 't hier op 't spel voor nieuw geluk.
Kortom, een kloeker keur van koene harten,
Dan Englands vloot ons nu heeft toegevoerd,
Vlotte op het zwalpend nat voor dezen nooit,
Om christenlanden smaad en nood te brengen.

(*Getrommel achter het tooneel.*)

> De stoornis van hun lompe trommen breekt,
> Wat ik zou melden, af; zij zijn daar reeds
> Tot strijd of onderhand'ling;—weest bereid.

Koning Philips.

> Hoe snel en onverwacht is deze krijgstocht!

Oostenrijk.

> Hoe minder hij voorzien was, des te meer
> Ontwake onze ijver om hem af te slaan,
> Want moed stijgt immer met den eisch des tijds;
> Dat zij ons welkom zijn, wij staan gereed!

(*Koning* JAN, ELEONORE, BLANCA, *de Bastaard en* PEMBROKE *komen op, met troepen.*)

Koning Jan.

> Aan Frankrijk vrede, als Frankrijk ons in vrede
> Den intocht gunt in 't land, door erfrecht ons;
> Of Frankrijk bloede, en vrede stijg' ten hemel,
> Terwijl, als werktuig van Gods toorn, wij
> Den hoon, die trotsch zijn vrede er heendrijft,
> straffen.

Koning Philips.

> Aan England vrede, zoo de krijg uit Frankrijk
> Naar England keert en daar in vrede leeft.
> Wij minnen England en om Englands wil
> Doet onzer rusting last ons zwoegen, zweeten.
> Wat wij hier doen, ware eerder uwe taak;
> Maar zoo ver is 't van u, dat ge England mint,
> Dat gij zijn rechten vorst hebt ondergraven,
> De wettige erfopvolging doorgesneden,
> Een kinderlijken koningsrang gehoond,
> De maagdlijke onschuld van de kroon verkracht.
> Zie hier 't gelaat van uwen broeder Godfried;
> Dat oog, die wenkbrauw is naar hem gevormd!
> Dit kort begrip behelst dat alles, wat
> In Godfried stierf; de hand des tijds zal 't eens

Uitwerken tot een even grootsch geschrift.
Die Godfried was uw eigen ouder broeder,
En dit zijn zoon; England was Godfrieds recht,
En hij is Godfrieds zoon. In naam van God,
Hoe komt het dan, dat gij u koning noemt,
Schoon levend bloed in deze slapen klopt,
Waaraan de kroon, door u geroofd, behoort?

Koning Jan.

Van wien hebt gij die groote volmacht, Frankrijk,
Om op die punten me in 't verhoor te nemen?

Koning Philips.

Van de' opperrechter, die de zucht naar 't goede
In 't hart van elk, wien macht vertrouwd is, wekt,
Hem waken doet voor schennis van het recht.
Hij maakte mij tot hoeder van deez' knaap;
Door hem gemachtigd, wraak ik uwen roof,
En met zijn bijstand hoop ik dien te straffen.

Koning Jan.

Gij matigt u het ambt eens rechters aan.

Koning Philips.

Alleenlijk om aanmatiging te rechten.

Eleonore.

Wien, Frankrijk, legt ge aanmatiging te last?

Constance.

Uw' zoon, die zich een rijk heeft aangematigd.

Eleonore.

Zwijg, onbeschaamde! uw bastaard wilt gij kronen,
Opdat gijzelf als koninginne heerscht.

Constance.

Steeds was mijn bed uw zoon wis even trouw
Als 't uwe aan uwen gade; en deze knaap

Gelijkt zijn vader Godfried meer in trekken,
Dan Jan op u, al zijt ge als droppels water,
Of Satan en zijn moeder, één van aard.
Mijn zoon een bastaard! Nu, bij God! ik denk,
Zijn vader werd geenszins zoo echt verwekt;
Dit kan niet zijn, daar gij zijn moeder waart.

Eleonore.

Een goede moeder, knaap! zij hoont uw vader.

Constance.

Een goede grootmoê, knaap! die u onteert.

Oostenrijk.

Stil!

Bastaard.

Hoort den roeper daar!

Oostenrijk.

Wie duivel zijt gij?

Bastaard.

Een man, die u den duivel spelen zal,
Krijgt hij u met uw vel alleen te pakken,
Gij zijt de haas, wiens moed, naar 't spreekwoord zegt,
Een dooden leeuw wel aan den baard durft trekken.
Ik rook uw pelsrok uit, als ik u pak;
Vriend, pas dus op! ik doe 't, voorwaar, ik doe 't.

Blanca.

O, prachtig stond dat kleed des leeuws aan hem,
Die zelf den leeuw dat kleed had uitgetogen.

Bastaard.

Het plooit zich op zijn rug niet minder sierlijk,
Dan op den ezel held Alcides' tooi. —
'k Doe, ezel, dra dat sieraad u verzaken,
En zal door andren druk uw schouders kraken.

Oostenrijk.

    Wie is die kraker, die het oor verdooft,
    Met zulk een overvloed van ijd'len wind?—
    Gij, koning,—Lood'wijk, spreek, wat doen wij fluks?

Lodewijk.

    Gij vrouwen, narren, staakt uw mondgesprek.—
    Wat we eischen, Koning Jan, is kortweg dit:
    England en Ierland, Maine, Anjou, Touraine,
    Die vorder ik, als Arthurs recht, van u.
    Staat gij die af, en legt ge uw waap'nen neder?

Koning Jan.

    Mijn leven eer! ik tart u, Frankrijk, uit.—
    Vertrouw op mij slechts, Arthur van Bretagne;
    Ik schenk uit zuivre liefde u meer, dan Frankrijk
    Met laffe hand kan winnen. Geef aan mij
    U over, knaap!

Eleonore.

              Kom bij grootmoeder, kind.

Constance.

    Ja, doe dat, kind, ga gij naar grootmâ, kind,
    Geef koninkrijk aan grootmama; zij zal
    Een kers of wat, een pruim, een vijg u geven.
    Die goede grootmama!

Arthur.

              Stil, lieve moeder!
    Ware ik in de aard, in 't graf gelegd! ik ben
    't Geraas niet waard, dat om mij wordt gemaakt.

Eleonore.

    Om moeders doen beschaamd! arm kind, hij weent.

Constance.

    Nu, wat zijn moeder doe of niet, schaam gij u!
    Geen schaamte om mij, neen, toorn om u, ontlokt

Zijn oog die droppels, die den hemel roeren;
De hemel zal ze ontvangen als een handgeld,
Zal zwichten voor die paarlen van kristal,
En zal hem recht en wraak op u verschaffen.

Eleonore.

Gij monster-schendtong, aarde en hemel last'rend!

Constance.

Gij monster-schendster, aarde en hemel tergend!
Noem mij geen schendtong; gij en de uwen rooven
Deze' onderdrukten knaap zijn recht, zijn land,
Zijn kroon. Hij is de zoon uws oudsten zoons,
Rampzalig door niets anders dan door u;
Uw zonden worden aan deze' armen knaap
Aldus bezocht; de straf der wet treft hem,
Als van uw schoot, die zonde ontving en droeg,
Niet verder dan in 't tweede lid verwijderd.

Koning Jan.

Gij dolhuiskranke, zwijg!

Constance.

                      Hoor dit nog slechts;—
Niet enkel òm haar zonde moet hij lijden,
Maar God deed hare zonde en haar de straf zijn
Voor dezen nazaat, die voor haar bezocht wordt
Met hàar straf, hare zonde; wat hij lijdt,
Is hàar vergrijp, de geesel harer boosheid,
Waarvan dit kind de volle straf moet dragen,
En dit geheel voor haar. Gods vloek op haar!

Eleonore.

Verstokte lastertong, een laatste wil
Bestaat, en stuit het erfrecht van uw zoon.

Constance.

Gewis! een laatste wil! een booze wil,
Een vrouwenwil, een wangrootmoeders wil!

Koning Philips.
>Stil, stil, vorstin! houd op of matig u.
>Geen bijvalroepen past aan dezen kring
>Bij zulk een schril en zoo herhaald geschimp.—
>Dat een trompet de burgers van Angers
>Naar hunne wallen roepe; laat ons hooren,
>Wiens recht, van Jan of Arthur, zij erkennen.

(Trompetgeschal.— Burgers verschijnen op den stadsmuur.)

Een Burger.
>Wie is het, die ons op de wallen roept?

Koning Philips.
>Frankrijk, voor England.

Koning Jan.
>>England, voor zichzelf.
>Gij mannen van Angers, trouwe onderdanen,—

Koning Philips.
>Getrouwe burgers, Arthurs onderdanen,
>Wij nooden u tot vriendlijk onderhoud.

Koning Jan.
>In òns belang; hoort daarom òns eerst aan.—
>Al deze Fransche vanen, opgerukt
>Tot in 't gezicht, voor 't oog van uwe stad,
>Verschenen hier, om u verderf te brengen;
>Van grimmigheid zijn hun kanonnen vol;
>Zij staan gericht, om al dien ijz'ren toorn
>Te spuwen tegen uwen vestingmuur;
>Der Franschen voorbereiding tot een aanval,
>En bloedig, wreed beleg en storm bedreigt
>De poorten, uwer stad gesloten oogen;
>En zonder onze naad'ring ware reeds
>Dit slapende gesteente, dat als gordel
>U houdt omsloten, door hun schutgevaarte
>Verdrongen uit zijn stevig mortelbed,
>En baande aan bloedig krijgsgeweld verwoesting

Den weg reeds om uw vrede te bestormen.
Doch op het zien van ons, uw rechten koning,
Die moeizaam en met meen'gen snellen marsch
Een tegenleger voor uw poorten voerde,
Om uwer veste wangen, fel bedreigd,
Voor schrammen te beveil'gen,—ziet, nu gunt
Onthutst de Franschman u een mondgesprek;
In stede van met vuur omvlamde kogels,
Om als door koorts uw muren te doen rillen,
Schiet hij slechts zachte, in rook gehulde woorden,
Om door verraad uw ooren te verdwazen.
Vertrouwt hem naar verdienste, waarde burgers,
En laat òns binnen, ons, uw rechten koning,
Wiens moede kracht, door zooveel haast amechtig,
Herberging in uw veste dringend vraagt.

Koning Philips.

Hoort mij nu aan, en geeft dan beiden antwoord.
Ziet, hier aan mijne rechte,—wier bescherming
Ten heiligste is beloofd aan 't recht van hem,
Op wien zij rust,—staat prins Plantagenet,
De zoon van de' oudren broeder dezes mans,
En koning over hem en al het zijne.
Om zijn vertreden recht vertreden wij
Met ijz'ren voet het veld voor uwe stad,
Niet méér als vijand tegen u gestemd,
Dan ons de drang van onzen vriendschapsijver,
Tot hulp van dezen onderdrukten knaap,
Naar onzen eed beveelt. 't Behage u dus,
Zooals 't behoort, uw hulde hèm te brengen,
Wien zij behoort, 'k meen, dezen jongen prins;
Der waap'nen wrok zal, als een beer met muilband,
In schijn slechts vreeslijk, dan gekneveld zijn;
't Geschut zal ijdel dan zijn boosheid spillen
Op de onverwondbre wolken van het zwerk;
En na een blijden, vrijen aftocht brengen
Wij, zonder buts of kerf aan helm en zwaard,
Het krachtig bloed weer thuis, dat ter besprenging
Van uw onwill'ge veste was bestemd,
En laten u met vrouw en kroost in vrede.

   Maar zoo ge ons goedig aanbod dwaas versmaadt,
   Zal u de ronding uwer grijze muren
   Niet veil'gen voor de boden onzes krijgs,
   Al waar' heel 't Engelsch leger met zijn krijgskunst
   Geherbergd binnen uw versterkten kring.
   Beslist; erkent ons uwe stad als heer
   Ter wil van hem, voor wien wij hulde vordren?
   Of moeten wij aan toorn het teeken geven,
   Onze' intocht doen, in ònze stad, in bloed?

Burger.

   Wij achten Englands koning onzen vorst,
   En houden onze stad voor hem bezet.

Koning Jan.

   Erkent den koning dan en laat mij binnen.

Burger.

   Dit mogen wij niet doen; wie koning blijkt
   Naar recht, zijn wij getrouw, maar tot dien tijd
   Blijft onze poort versperd voor heel de wereld.

Koning Jan.

   Wijst niet de kroon u uit, wie koning is?
   Erkent gij 't niet, dan breng ik u getuigen,
   Driemaal tienduizend echte zonen Englands,—

Bastaard.

   Met bastaards en zoo voort.

Koning Jan.

   Om met hun leven ons goed recht te staven.

Koning Philips.

   Geen minder tal, van even edel bloed,—

Bastaard.

   Waarbij ook enkle bastaards.

Koning Philips.

Staat hier om zijne vordring te weerspreken.

Burger.

Tot gij beslecht, wiens recht het beste is, willen
Wij tegen beiden 't hoeden voor den beste.

Koning Jan.

Vergeev' dan God de zonden al dien zielen,
Die heden, vóór de dauw van de' avond valt,
Ontzweven zullen naar haar eeuw'ge woning
Bij 't schrikk'lijk bloedgeding om 't koningschap!

Koning Philips.

Amen!—Te paard, mijn ridderschap! te wapen! [287]

Bastaard.

Sint George, die den draak kastijdde en sedert
Te paard zit boven elke tappersdeur,
Leere ons wat vechtkunst!—(*Tot Oostenrijk.*) Kerel, ware ik ginds,
In uw hol, kerel, ginds bij uw leeuwin,
Ik zette een stierkop op uw leeuwenvel,
En maakte u tot een monster!

Oostenrijk.

                Zwetser, stil!

Bastaard.

Gij hoort een leeuw, die brult! dus beef en ril!

Koning Jan.

De vlakte hooger op! daar kunnen wij
Al onze troepen scharen en ontplooien.

Bastaard.

Snel dan, opdat gij 't voordeel hebt van 't veld.

Koning Philips.

(*Tot* Lodewijk.) Zoo moet het zijn;—en aan den

tweeden heuvel
Sta 't overschot gereed.—God en ons recht!

(Allen af.)

(Engelsche en Fransche troepen komen weder op. Strijdgedruisch en schermutselingen; daarna wordt het veld door beide partijen, na terugroepingsseinen, ontruimd. Een Fransch Heraut, vergezeld van trompetters, nadert de poort.)

Fransche Heraut.

    Ontsluit uw poorten, mannen van Angers,
    En haalt Bretagne's hertog, Arthur, in,
    Die dezen dag door Frankrijks hand veel tranen
    Aan Eng'lands moeders heeft ontperst, wier zoons
    Verspreid nu liggen op 't bebloede veld;
    Van meen'ge weduw ligt de man in 't stof,
    Den roodverkleurden grond verstijfd omarmend
    En zegepraal met een gering verlies
    Speelt op der Franschen dansende banieren;
    Zij naad'ren reeds en komen triumfeerend
    Hun intocht doen, om Arthur uit te roepen
    Als Englands koning, tevens uwen vorst.

(Een Engelsch Heraut komt op, van trompetters vergezeld.)

Engelsche Heraut.

    Gij burgers van Angers, luidt blij de klokken!
    Nabij is Englands koning, Jan, uw vorst,
    Verwinnaar op deez' heeten, boozen dag.
    De pantsers, zilverblank bij 't gaan, zijn nu
    Bij 't keeren met der Franschen bloed verguld.
    Geen vederbos, op Englands helmen prijkend,
    Werd weggenomen door een Fransche lans;
    De vanen wapp'ren in dezelfde handen,
    Die haar ontplooiden bij den uittocht ginds;
    En als een blijde jagertroep komt juub'lend
    Oud-Englands volk, de handen gansch gepurperd,
    In des ontkleurden vijands moord gekleurd.
    Ontsluit de poort! Laat de overwinnaars binnen!

Burger.

Herauten, van de torens zagen wij
Den aanval en terugtocht beider legers
Van de' aanvang tot het eind; op hun gelijkheid
Vermocht het scherpst gezicht niets af te dingen;
't Was bloed voor bloed; een houw vergold een houw;
Macht tartte macht en kracht mat zich met kracht;
Gelijk zijn zij, gelijk ook in onze achting.
Één gelde meer; tot zoo lang houden wij
De stad voor geen van beide, en toch voor beide.

(*Van de eene zijde komen op: Koning* JAN *met zijn troepen, verder* ELEONORE, BLANCA *en de Bastaard; van de andere zijde: Koning* PHILIPS, LODEWIJK, *Oostenrijk, en troepen.*)

Koning Jan.

Spreek, Frankrijk, hebt gij nog meer bloed te spillen?
Of laat gij thans ons recht den vrijen loop?
Zijn stroom zal, zoo uw wederstand hem tart,
Zijn bed verlaten, en, van gramschap zwellend,
Uw aangelegen oevers overstelpen,
Indien gij aan zijn zilvren waat'ren niet
Een vrije baan naar de' oceaan vergunt.

Koning Philips.

England, gij hebt geen druppel bloeds bespaard
In dezen heeten wedstrijd, meer dan Frankrijk;
Eer meer verloren. En, bij deze hand,
Die heerscht zooverre deze hemel blikt,
Wij leggen 't zwaard niet af, voor 't recht getogen,
Eer gij geveld zijt, wien dit zwaard bekampt;
Of onzer dooden tal vermeêre een koning,
Die aan de lijst der offers van deze' oorlog
Den luister schenke van een koningsnaam.

Bastaard.

Ha, majesteit, hoe hoog heft zich uw roem,
Zoo 't edel koningsbloed ontgloeit en vlamt!
Thans sterkt de dood met staal zijn doode kaken,
En krijgerszwaarden vormen zijn gebit;
Thans brast hij, nu hij menschenvleesch verscheurt,

Bij onbeslechte felle koningstwisten!—
Waarom staan deze legers zoo verstomd?
Roept: moord! gij vorsten! keert naar 't bloedig veld,
Gij evensterke, in vuur ontvlamde harten!
Des eenen val verleen' den andren vrede;
Tot zoolang heersche strijd, en bloed, en dood!

Koning Jan.

Wiens zijde kiezen nu de stedelingen?

Koning Philips.

Spreekt, burgers; England wil 't; wie is uw koning?

Burger.

't Is Englands koning, als het blijkt, wie 't is.

Koning Philips.

Ziet hem in ons, die voor zijn recht hier staan.

Koning Jan.

In ons, die van onszelve volmacht hebben
En in persoon onze aanspraak gelden doen,
Als meester van onszelf, Angers en u.

Burger.

Een hoog're macht dan wij verwerpt dit alles;
En tot het uitgemaakt is, sluiten wij
Den voor'gen twijfel achter sterke poorten,
Beheerscht van onze vrees, tot deze vrees
Door een onwraakbaar heerscher wordt onttroond.

Bastaard.

Bij God! Angers' gespuis,—het hoont u, vorsten,
En staat daar veilig op zijn hoogen muur
Als in een schouwburg, gaapt u aan en wijst
Op uw volijvrig spel vol moordtooneelen.
Verheven vorsten, laat van mij u raden:
Doet als de muiters in Jeruzalem,
Weest vrienden voor een wijl, en hoopt vereend
Uw scherpsten haat in daden op die stad.

Gij, Frankrijk, England, plant in 't oost en westen
Uw bresgeschut, geladen tot den mond;
Dat raze met zijn zielverschrikkend buldren
De kiezelribben neer dier drieste stad;
Ik zou op dit gepeupel rustloos vuren,
Tot hen verwoesting zoo ontbloot, zoo naakt,
Gelijk de lucht hier om ons, achterliet.
Is dit geschied, hereent dan elk uw troepen,
Voert uw vermengde vanen weer uiteen
En ziet elkaâr in 't oog, biedt spits aan spits,
En in een oogwenk leest Fortuin zich dan
Van de eene zijde wis haar liev'ling uit,
Wien zij den roem des daags in gunste schenkt,
En dien zij met een trotsche zege kust.
Bevalt de dolle raad u, hooge machten?
Niet waar, hij smaakt toch wel naar staatsmanskunst?

Koning Jan.

Nu, bij den hemel boven onze hoofden,
Mij staat hij aan.—Spreek, Frankrijk, willen wij
Te zaam Angers eerst slechten tot den bodem,
Dan vechten, wie er koning van zal zijn?

Bastaard.

Hebt gij eens konings kern in u, zoo keert,
Daar u als ons die dwaze stad beschimpt,
De monden van uw zwaar geschut nu fluks,
Met ons vereenigd, op die stoute muren;
En hebt gij die den grond gelijk gemaakt,
Daagt dan elkander uit, verwoed en fel,
En zendt elkaar ten hemel of ter hel!

Koning Philips.

Het zij zoo.—Zeg, waar gij den aanval doen wilt.

Koning Jan.

Van 't westen uit wil ik vernieling zenden
In 't hart der stad.

Oostenrijk.

Van 't noorden ik.

Koning Philips.

    Mijn donder zal van 't zuiden
Zijn kogelbui doen haag'len op de stad.

Bastaard

    (*ter zijde*). Zuid, noord; noord, zuid! Zoo schiet, o slim verbond!
Dat broederpaar, de een de' ander in den mond;
Ik zet hen er toe aan.—Op dan, maakt voort!

Burger.

    Gij vorsten, toeft, vergunt aan mij een woord;
Dan toon ik u het zoet gelaat des vredes;
Wint onze veste zonder slag of wond:
Spaart hen, die leven, laat in bed hen sterven,
Die hier als offers kwamen voor het veld.
Volhardt niet, groote vorsten, maar hoort toe.

Koning Jan.

    Spreek dan, 't is u vergund; wij willen hooren.

Burger.

    De dochter daar van Spanje, jonkvrouw Blanca,
Is nicht van England. Ziet nu op de jaren
Des jongen Lood'wijks en der lieve maagd,
Zoo dartle liefde 't oog op schoonheid vest,
Waar vindt zij die ooit schooner dan in Blanca?
Zoo vrome liefde deugd zoekt bovenal,
Waar vindt zij die ooit reiner dan in Blanca?
En vraagt eergier'ge liefde naar geboorte,
Wie roemt op eedler bloed dan jonkvrouw Blanca?
En juist als zij in schoonheid, deugd, geboorte,
Is de dauphijn volkomen in elk opzicht;
Zoo niet volkomen,—nu, hij is niet zij;
En haar ook mangelt niets, wat manglen heet,
Tenzij 't een mangel waar', dat zij niet hij is.
Hij is de helft van een gezegend man,
Die zijn voltooiing wacht van eene als zij,—

En zij welschoone uitmuntendheid, gedeeld,
Die eerst door hem volmaaktheid worden kan.
Twee zulke zilverstroomen, samenvloeiend,
Verleenen de' oevers glans, die hen begrenzen.
Zulke oevers van twee zoo vereende stroomen,
Twee zulke grenzen, koningen, zijt gij
Voor dit doorluchte paar, als gij hen huwt.
Deze echt zal meer doen, dan geschut vermag,
Aan onze sterke veste, want bij 't huwlijk
Vliegt met meer vaart, dan buskruit af kan dwingen,
De wijde doorgang onzer poorten open
En laat u binnen; zonder dezen echt
Is de opgezette zee niet half zoo doof,
Geen leeuw zoo onverschrokken, berg en rotsen
Niet onverzetlijker, ja, zelfs de dood
Niet half zoo vastbesloten fel te moorden,
Als wij, de stad te houden.

Bastaard.

                    Ziet, wat remmer!
Die 't afgerotte rif des ouden doods
Schudt uit zijn vodden! Ziet, wat groote mond,
Die dood en bergen, rotsen, zeeën uitspuwt,
Zoo recht vertrouwlijk spreekt van gramme leeuwen,
Als dertienjaar'ge meisjes van hun mop.
Wat voor een kanonnier heeft hem verwekt?
Hij spreekt kanonnen, vuur en slag en rook;
Stokslagen deelt hij uit met rappe tong,
Slaat ons om de ooren; ieder woord van hem
Geeft erger stompen dan een Fransche vuist.
Verdoemd! ik kreeg met woorden nooit zoo slaag,
Sinds ik mijn moeders man „papa" genoemd heb.

Eleonore.

Zoon, luister naar dien voorslag, sluit dien echt, 468
Geef onze nicht een flinken bruidschat mee;
Want door dien band knoopt gij de veiligheid
Zoo zeker aan uw thans onveil'gen troon,
Dat wis voor gindschen groenen knaap geen zon
Den bloesem rijpt, die schoone vrucht belooft.
Ik lees toegeef'lijkheid in Frankrijks blik;

Zij fluistren, zie; bestorm hen, nu hun hart
Toeganklijk is voor dit eerzuchtig plan,
Aleer hun ijver, thans verweekt, gesmolten
Door de' adem van gesmeek, berouw, erbarmen,
Weer even stug en hard wordt, als hij was.

Burger.

Waarom geeft geen der majesteiten antwoord
Op 't vredesvoorstel der bedreigde stad?

Koning Philips.

England, spreek gij het eerst, zooals gij 't eerst
De stad hebt toegesproken; wat zegt gij?

Koning Jan.

Zoo in dit boek der schoonheid de dauphijn,
Uw eedle zoon, kan lezen: „ik bemin",
Schenk ik aan haar een koninginne-bruidsgift:
Poitiers, het schoon Touraine, Anjou en Maine,
En al het land aan deze zij der zee,—
Behalve deze nu berende stad,—
Aan onze kroon en heerschappij leenplichtig,
Verguld' haar bruidsbed, make haar zoo rijk
In titels, aanzien, macht en grondgebied,
Als zij in schoonheid, afkomst en beschaving
Met elke koningsspruit der aard zich meet.

Koning Philips.

Wat zegt gij, zoon? zie thans de jonkvrouw aan.

Lodewijk.

Dat doe ik, heer, en in haar oog aanschouw ik
Een wonder, of een wonderbaar mirakel.
'k Zie van mijzelf een schaduw in haar oog;
De schaduw van uw zoon wordt door die spiegling
Tot zon en maakt tot schaduw uwen zoon.
Ik zweer u, dat ik nooit mijzelven minde,
Tot ik mijzelf daar vastgenageld zag,
In harer oogen schoone lijst gevat.

(*Hij fluistert met* BLANCA.)

Bastaard.

> In harer oogen lijst gevat, gehangen
> Aan haar gefronste wenkbrauw, in haar hart
> Gevierendeeld! Is dat de straf ontvangen
> Voor hoogverraad aan liefde? 'k Zie met smart
> Gevat, gehangen, gekwartierd als hij,
> Een vlegel, die geen schat verdient als zij!

Blanca.

> De wil mijns ooms hierin is ook de mijne.
> Zoo hij in u iets ziet, dat hem behaagt,
> Dan plant ik dat, wat hem behaagt bij 't zien,
> Gewis ook lichtlijk over in mijn wensch;
> Of wilt gij, dat ik duid'lijker zal spreken,
> Ik dwing het aan mijn liefde lichtlijk op.
> Ik wil, mijn prins, u verder zoo niet vleien,
> Dat al, wat ik bespeur, tot liefde dringt,
> Doch waar is 't, dat ik niets in u bespeur,—
> Al moest de wangunst zelf uw rechter zijn,—
> Wat een'gen haat mij toeschijnt te verdienen.

Koning Jan.

> Wat zegt het jonge paar? wat zegt mijn nicht?

Blanca.

> Dat zij door eer en plicht gehouden is
> Te doen, wat uwe wijsheid wil bevelen.

Koning Jan.

> En gij, dauphijn, kunt gij die maagd beminnen?

Lodewijk.

> Vraag eer, of ik de min ontkomen kan,
> Want innig, ongeveinsd bemin ik haar.

Koning Jan.

> Zoo geef ik hier Poitiers, Anjou, Touraine,
> Volquessen, Maine, al deze vijf provinciën,
> Met haar aan u, en bovendien als toegift
> Nog dertigduizend mark in Engelsch geld.

Philips van Frankrijk,—stemt gij hiermeê in,
Laat dan die twee elkaâr de handen reiken.

Koning Philips.

'tZij!—Jonge vorsten, voegt de handen saam.

Oostenrijk.

En ook de lippen; want,—het heugt mij goed,—
Die vrijheid van den vrijer was mij zoet.

Koning Philips.

Nu, burgers van Angers, ontsluit uw poorten
En laat de vriendschap in, door u gesticht;
Want in uw Sint-Marije-kerke zij
Terstond de huwlijksplechtigheid volbracht.—
Vorstin Constance is niet bij onzen stoet?—
Voorzeker niet; dit thans besloten huwlijk
Had zij wis fel bestreden, waar' zij hier.
Waar is zij met haar zoon? wie kan 't mij zeggen?

Lodewijk.

Zij klaagt bekommerd in uw hoogheids tent.

Koning Philips.

Nu waarlijk, dit verbond, door ons gesloten,
Geeft wis aan haar bekomm'ring weinig heul,
Hoe, broeder England, stellen wij die weduw
Alsnu tevreden? Voor haar recht verscheen ik,
Doch koos nu, God vergeve 't, om mijn voordeel
Een andren weg.

Koning Jan.

Wij maken alles goed;
Haar jonge prins zij hertog van Bretagne
En graaf van Richmond; en hij zij ook heer
Van deze rijke stad.—Ontbied haar hier;
Een vlugge bode ga terstond haar nooden
Tot ons groot feest. Wij zullen, zoo ik hoop,
Zoo wij de maat niet vullen van haar wenschen,
Toch in die mate haar tevredenstellen,

Dat ze in haar luide klachten is gestuit.
Thans op, zoo goed de haast het ons veroorlooft,
Naar 't onverwachte, onvoorbereide feest!

(*Allen af, op den Bastaard na.—De Burgers verlaten de muren.*)

Bastaard.

O dwaze, dolle wereld! dwaze vorsten!
Dol vergelijk! Zie, koning Jan deelt nu,
Om Arthurs aanspraak op 't geheel te stuiten,
Volgaarne een deel van 't zijne aan andren toe;
En Frankrijk, wien de plicht het harnas gespte,
Wien vrome christenliefde dreef in 't veld
Als krijger Gods, hij laat zich 't oor bepraten
Door u, besluitverand'raar, sluwe duivel,
U, kopp'laar, die aan trouw de hersens inslaat,
Die daag'lijks eeden breekt, van allen wint,
Van vorsten, beed'laars, grijsaards, jonkers, maagden,
—
Wien gij, zoo de armen niets verliezen kunnen,
Haar eenig goed, den naam van maagd ontsteelt,—
U, schoone jonker, kitt'lende Eigenbaat,
Ja, Eigenbaat, scheef overwicht der wereld,
Der wereld, zelf met goed verdeeld gewicht,
Die recht zou rollen op een effen grond,
Indien niet winst, die valsche, scheeve zwaarte,
Die reeglaar der beweging, Eigenbaat,
Met niets ontzienden wil haar zijwaarts drong,
Uit baan en richting, loop en doen en streven;—
En dit scheef overwicht, die Eigenbaat,
Die maak'laar, kopp'laar, 't al verand'rend woord,
Op 't oog gedrukt van Frankrijks wanklen vorst,
Trekt van de hulp, door hem beraamd, hem af
Van de' oorlog, die besloten, eervol was,
Naar zulk een lagen, lafgesloten vrede!
En waarom scheld ik zoo op Eigenbaat?
Alleen, wijl die mij nooit verliefd gevleid heeft;
Niet wijl ik macht heb om de vuist te sluiten,
Als hij zijn eng'len me in de hand wil drukken;
O neen, wijl mijn nog nooit verzochte hand,
Gelijk een beedlaar, op de rijken scheldt.

Nu, 'k schelde dus, zoolang ik beedlaar ben,
En zegg', dat de een'ge zonde rijkdom is;
Doch word ik rijk, dan wordt die roep gesmoord,
En 't beedlaar zijn wordt zondig, meer dan moord.
Wees, breekt uit eigenbaat een vorst zijn woord,
Gij winst, de god, aan wien mijn hart behoort!

(De Bastaard af.)

Koning Jan, Derde Bedrijf, Eerste Tooneel.

Derde Bedrijf.

Eerste Tooneel.

A l d a a r. *Voor de tent van den Koning van Frankrijk.*

Constance, Arthur en Salisbury *komen op.*

Constance.

> Gaan huwen? zij? een vrede gaan bezweren?
> Valsch bloed vereenigd met valsch bloed! verzoend!
> Lood'wijk krijgt Blanca, Blanca de provinciën?
> Zoo is 't niet; gij verstondt verkeerd, verspreekt u;
> Bezin u, zeg mij nogmaals uw bericht;
> Het kan niet zijn; gij zegt alleen: zoo is 't.
> 'k Vertrouw, dat ge onbetrouwbaar zijt; uw woord
> Is de ijdele ademtocht slechts van een dienstman;
> Geloof mij, man, ik schenk u geen geloof;
> Ik heb voor 't tegendeel eens konings eed.
> Dat gij dien schrik mij aanjaagt, brengt u straf;
> Want ik ben ziek, ontvanklijk—licht—voor vrees;
> Verdrukt door onrecht en daarom vol vrees;
> Verweduwd, gadeloos, ter prooi aan vrees;
> Een vrouw, geboren van natuur tot vrees;
> En al bekent gij nu, dat alles scherts was,

Dit sticht geen vrede in mijn ontroerd gemoed,
Dat beven, sidd'ren zal den ganschen dag.
Wat meent gij met dat schudden van uw hoofd?
Wat staart gij mijnen zoon zoo somber aan?
Wat meent gij met die hand op uwe borst?
Waarom staat u dat bange vocht in 't oog,
Een stroom gelijk, die aan zijn bed ontzwelt?
Bevestigt al dit rouwgebaar uw woorden?
Spreek dan nog eens, maar niet uw gansch bericht,
Één woord slechts, dat mij zegt, 't is waar of niet.

Salisbury.

Zoo waar, als gij hen waarlijk valsch moogt achten,
Die schuld zijn, dat het waar is, wat ik zeg.

Constance.

O, leert gij mij, dat ik dit leed geloof,
Leer dan dit leed ook, hoe 't mij sterven doet;
Dat zóó 't geloof en 't leven samentreffen,
Als 't woeden van twee kampers tot den dood,
Die storten bij den eersten schok, en sterven!—
Lood'wijk huwt Blanca! Waar blijft gij dan, knaap?
Frankrijk wordt Englands vriend; wat wordt van mij?
Weg, mensch! ik kan uw aanblik niet verdragen;
Tot monster maakte u dit bericht voor mij.

Salisbury.

Welk ander leed deed ik u, eed'le vrouwe,
Dan dat ik 't leed, dat andren doen, u meld?

Constance.

Dat leed is op zichzelve zoo afschuw'lijk,
Dat ieder diep mij grieft, die er van spreekt.

Arthur.

Ik bid u, eed'le moeder, kom tot kalmte.

Constance.

Waart gij, die mij tot kalmte maant, afzichtlijk,
Een blaam, een schande voor uw moeders schoot,

Vol booze puisten, niet te aanschouwen vlekken,
Vaal, lam, onnoozel, scheef, een wangeboorte,
Met zwarte moedermerken overzaaid,
Dan zou ik thans niet klagen, ik waar' kalm;
Dan had ik u niet lief, en dan waart gij
Uw stam tot oneer en een kroon niet waardig.
Doch gij zijt schoon; u schiep, mijn dierbaar kind,
Natuur, vereenigd met Fortuin, tot grootheid;
In gaven der Natuur kunt gij u meten
Met roos en lelie. Doch Fortuin, helaas!
Ze is omgekocht, gedraaid, van u vervreemd;
Met uw oom Jan boeleert zij uur op uur,
En drijft met gouden handen Frankrijk voort,
Ontzag voor vorstenrecht in 't stof te treden,
En maakt tot kopp'laar zijne majesteit,
Tot kopp'laar van Fortuin en koning Jan,
Der veile vrouw, des roovers van een kroon!—
Zeg, mensch! of Frankrijk niet meineedig is.
Vergiftig hem met woorden, of ga weg,
En laat het leed alleen, dat ik alleen
Te torsen heb.

Salisbury.

Vergeef mij, eed'le vrouwe,
'k Mag zonder u niet tot de vorsten keeren.

Constance.

Gij moet en zult; ik wil niet met u gaan.
Mijn hartzeer wil ik leeren trotsch te zijn;
Want leed is trotsch, het buigt, die 't heeft, ter aard.
Laat vorsten zich tot mij en tot de grootheid
Mijns leeds vervoegen; zóó groot is mijn leed,
Dat enkel de aarde met haar vaste welving
Het torsen kan; 'k zet met mijn kommer fier
Mij hier ten troon en wacht uw vorsten hier.

(*Zij zet zich op den grond.*)

(*Koning* Jan, *Koning* Philips, Lodewijk, Blanca, Eleonore, *de Bastaard*, Oostenrijk *en Gevolg komen op.*)

Koning Philips.

    Ja, lieve dochter, dezen dag van zegen
    Herdenk' nu Frankrijk immer met een feest.
    Om dien te wijden, staat de gulden zon
    Stil in zijn loop en speelt den alchymist;
    De schitt'ring van zijn heerlijk oog verandert
    De maag're, kluitige aard in blinkend goud.
    De loop des jaars, die dezen dag weer brengt,
    Moet nooit hem zien, dan als een dag van heil.

Constance

    (*oprijzende*). Een booze dag en niet een heil'ge dag!
    Wat heeft die dag verdiend? en wat gedaan,
    Dat hij in de' almanak met gouden letters
    Bij onze hooge feesten prijken zou?
    Neen, werp dien dag eer uit, weg uit de week,
    Dien dag van smaad, van eedbreuk, van verdrukking!
    Of blijft hij staan, dan mogen zwang'ren bidden,
    Dat deze dag haar last niet van haar neem',
    Opdat geen wangeboort' haar hoop teleurstell'.
    Op dezen dag slechts duchte een zeeman schipbreuk;
    Geen koop, dan van deez' dag, zij ooit verbroken;
    Wat deze dag begint, loope uit op ramp,
    Ja, zelfs de trouw verkeere in holle valschheid!

Koning Philips.

    Bij God, vorstin, geen reden zult gij hebben,
    Om 't schoone werk van dezen dag te vloeken;
    Heb ik u niet mijn majesteit verpand?

Constance.

    Gij hebt mij met een valsche munt bedrogen,
    Die majesteit geleek, maar bij den toets
    Zich waardloos toont. Gij pleegdet meineed, meineed;
    Ten strijd gerust, bedreigdet gij mijn vijand,
    Maar nu is hij gerust, en won uw kracht.
    De strijdmoed en 't gefronst gelaat des oorlogs
    Werd koel door vriendschap, geblanket door vrede,
    En ons verderf bezegelt dit verbond.—

Straf, hemel, straf die eedvergeten vorsten!
Een weduw roept; wees gij mijn gade, hemel!
Duld niet, dat de uren van deez' dag van zonde
In vrede voortgaan; sticht, eer de avond valt,
Krijg, tweedracht tusschen de eedvergeten vorsten!
Hoor, hoor mij!

Oostenrijk.

Stil, Constance, stilte! vrede!

Constance.

Krijg! krijg; geen vrede! vrede is mij een krijg.
O Oostenrijk, Limoges! Gij onteert
Uw oorlogsbuit, gij slaaf, ellend'ling, lafaard!
Gij kleine held, maar groot in schurkerij!
Gij, aan de zij des sterk'ren altijd sterk!
Gij, ridder van Fortuin, die nimmer vecht,
Dan als die grillenrijke vrouw nabij is
En veiligheid u leert! Ook gij breekt eeden,
Door vleien grootheid zoekend. O, gij nar,
Gij kwispelnar, die pocht en stampt en zweert
Voor mijne zaak! Gij slaaf, koudbloedig wezen,
Spraakt gij met donderstem niet voor mijn zaak,
Als mijn gezworen krijger? moest ik niet
Op uw gesternte en heil, uw moed vertrouwen?
En valt gij af? loopt ge over naar den vijand?
Draagt gij een leeuwenhuid? Gij, werp die af,
En hang een kalfsvel om die vuige leden!

Oostenrijk.

O, dat een man die woorden tot mij sprake!

Bastaard.

En hang een kalfsvel om die vuige leden!

Oostenrijk.

Ik zeg u, bij uw leven, booswicht, zwijg!

Bastaard.

En hang een kalfsvel om die vuige leden!

Koning Jan.

>Genoeg, te veel reeds! gij vergeet uzelf.

(PANDULF *komt op.*)

Koning Philips.

>Daar komt de heilige afgezant des pausen.

Pandulf.

>Heil u, gezalfde plaatsvervangers Gods!—
>U, koning Jan, u geldt mijn heil'ge boodschap.
>Ik, Pandulf, kardinaal van 't schoon Milaan,
>Legaat hier van zijn heiligheid den paus,
>Ik vraag u namens hem hoogernstig af,
>Waarom gij onze kerk en heil'ge moeder
>Vermetel van u stoot, en Stephen Langton,
>Verkoren aartsbisschop van Canterbury,
>Zijn heil'gen zetel met geweld onthoudt?
>Dit vraag ik plechtig in des heil'gen vaders,
>Paus Innocentius' naam, alhier van u.

Koning Jan.

>Wat naam op aarde neemt den vrijen adem
>Van een gewijden koning in 't verhoor?
>Geen naam is uit te denken, kardinaal,
>Zoo nietig en onwaardig en belachlijk,
>Om antwoord me af te vergen, als de paus.
>Bericht hem dit, en voeg uit Englands naam
>Nog dit er bij: geen Italiaansche priester
>Zal in ons rijk ooit tiende of lasten heffen;
>Zoo waar wij 't opperhoofd zijn onder God,
>Zoo willen we onder hem dat hoog bewind
>Handhaven, waar wij 't voeren, zelf, alleen,
>En zonder bijstand van eens menschen hand.
>Zeg dit den paus; geen eerbied hem betoond,
>Hem, noch zijn aangematigd ambtsgezag!

Koning Philips.

>Broeder van England, dit is heiligschennis.

Koning Jan.

> Schoon gij, als elke vorst der christenheid,
> Plomp door dien sluwen paap u leiden laat,
> Zijn vloek, voor geld steeds af te koopen, duchtend,
> En schoon gij allen voor laag goud, slijk, vuil,
> Vervalschten aflaat inkoopt van een man,
> Die zelf aldus zijn eeuwig heil verkoopt,—
> Schoon gij en al die andren, grof misleid,
> Dit guichelspel met land en rijkdom voedt,
> Alleen zal ik den paus weerstaan; ik acht
> Elk vijand, die zich buigt voor zijne macht.

Pandulf.

> Dan, krachtens 't wettig ambt, dat ik bekleed,
> Zijt gij vervloekt en in den ban gedaan!
> Gezegend zal hij zijn, die oproer maakt
> En eed en leenplicht weigert aan een ketter;
> En als verdienst'lijk zij die hand geroemd,
> Gezaligd, als een heilige vereerd,
> Die langs geheimen weg 't vervloekte leven
> Aan u ontrooft!

Constance.

>   O wettig zij 't, dat ik
> Met Rome ruimschoots hem een wijle vloek!
> Roep, goede vader kardinaal, roep Amen
> Op mijnen scherpsten vloek! slechts leed als 't mijne
> Verleent der tong de macht, naar recht te vloeken.

Pandulf.

> De wet en macht staan mijnen vloek ter zij.

Constance.

> En mijnen; waar de wet geen recht kan doen,
> Zij 't wettig, dat de wet geen onrecht stuite!
> De wet kan hier mijn kind zijn rijk niet geven,
> Want die zijn rijk beheerscht, beheerscht de wet.
> Is dus de wet het onrecht zelf, hoe kan
> De wet mijn tong verbieden, dat zij vloekt?

Pandulf.
>Philips van Frankrijk, laat terstond, op straffe
>Eens vloeks, de hand van dien aartsketter varen,
>En stort met Frankrijks macht u ras op hem,
>Tenzij hij zich voor Rome in deemoed buig'.

Eleonore.
>Verbleekt gij, Frankrijk? trek uw hand niet weg.

Constance.
>Let, Duivel, op, dat Frankrijk geen berouw krijg'
>En loslaat, en uw hel een ziel ontroov'!

Oostenrijk.
>Hoor, wat de kardinaal zegt, vorst Philips!

Bastaard.
>En hang een kalfsvel om die vuige leden!

Oostenrijk.
>Zoo 'k, fielt, dien schimp nu in mijn zak moet steken,
>'t Is wijl....

Bastaard.
>   hij in uw zak tehuis hoort, man.

Koning Jan.
>Philips, wat zegt gij tot den kardinaal?

Constance.
>Niets anders, wacht ik, dan de kardinaal.

Lodewijk.
>Bedenk nu, vader, wat de keus is: hier
>'t Erlangen van den zwaren vloek van Rome,
>En daar 't verlies van Englands lichte vriendschap;
>Verwerp het lichtste.

Blanca.

>   Dat is Rome's vloek.

Constance.

> O prins, sta pal! de duivel lokt u hier
> In de gedaant' der pasgetooide bruid!

Blanca.

> Vorstin Constance spreekt niet uit haar hart,
> Maar uit haar nood.

Constance.

>   Zoo gij dien nood erkent,
> Die enkel leeft, wijl trouw gestorven is,
> Dan volgt noodwendig uit dien nood, dat trouw
> Herleven zal bij 't sterven van den nood;
> Vertreed mijn nood dus en de trouw herrijst,
> Versterk mijn nood en trouw ligt neer, vertreden.

Koning Jan.

> De vorst is in zichzelf gekeerd en zwijgt.

Constance.

> O keer van hem u af en spreek naar eisch.

Oostenrijk.

> Juist, hang aan hem niet, vorst; zij raadt u goed.

Bastaard.

> Hang gij een kalfsvel om, onnooz'le bloed!

Koning Philips.

> Ik ben ontsteld en weet niet, wat te zeggen.

Pandulf.

> Wat kunt gij zeggen, dat u niet nog meer
> Ontstellen zal, als u de banvloek treft?

Koning Philips.

> Eerwaarde vader, stel u in mijn plaats,

En zeg, hoe gij u hieruit redden zoudt.
Diens konings en mijn hand zijn nieuw vereend,
En de verbinding van ons beider zielen
Door huwlijk saamgeschakeld, door de kracht
Der heiligste geloften saamgesmeed;
De laatste in woordenklank zich uitende adem
Was hecht bezworen trouwe, vrede, vriendschap
Van beide rijken en hun opperheeren;
En juist vóór dezen vrede, kort er voor,
Zoodat wij nauw de handen konden wasschen
Ten handslag bij dit vorstlijk vreêverbond,—
God weet, zij waren rood en ooververfd
Van 't bloedpenseel der slachting, waar de wraak
Den schrikb'ren twist van booze vorsten maalde;—
En deze handen, pas van bloed gereinigd,
Tot liefde pas vereend, in beide sterk,
Zij zouden nu dien groet, dien druk te niet doen?
Met trouwe spelen? spotten met den hemel?
Ons zoo tot wispeltuur'ge kindren maken,
Dat we onze hand weer wrongen uit de hand,
Onze' eed wegzwoeren, en met bloedig heer
Des blijden vredes bruidsbed overvielen,
En oproer wekten op het lieflijk voorhoofd
Van vrome oprechtheid? O, gij heilig man,
Eerwaarde vader, laat het zoo niet zijn.
Uw vroom gemoed bedenk', besluit', bevele
Een zachter uitkomst, dan zal 't heerlijk zijn
Uw wil te doen en vrienden steeds te blijven.

Pandulf.

Die vorm is vormloos, reed'loos is de rede, 253
Die niet zich tegen Englands vriendschap kant.
Daarom ten kamp! wees strijder onzer kerk,
Of onze kerk en moeder werp' haar vloek,
Een moedervloek, op haar oproer'gen zoon.
Frankrijk, gij houdt een slang eer bij de tong,
Een grammen leeuw eer bij de forsche klauw,
Een dollen tijger veil'ger bij 't gebit,
Dan deze hand, die gij omklemt, in vrede.

Koning Philips.

Laat ik die hand ook vrij, mijn trouw is 't niet.

Pandulf.

Zoo maakt gij trouw tot vijand van de trouw,
Stelt, als in burgerkrijg, eed tegen eed,
Tong over tegen tong. O, houd uw eed,
Den hemel 't eerst gedaan, den hemel 't eerst;
Gij zoudt—was de eed—der kerk ten strijder zijn;
Den eed, dien gij daarna deedt, zwoert gij tegen
Uzelf en kunt gijzelf dus niet volbrengen;
Want dat, wat gij bezwoert, verkeerd te doen,
Is niet verkeerd meer, als gij 't goed verricht;
En onbetracht, zoo 't doen ten booze voert,
Wordt plicht, door 't niet betrachten, 't best betracht,
't Best is, dat hij, die in zijn plannen dwaalt,
Dan nog eens dwaalt; zij dit niet vrij van dwaling,
Die dwaling voert hem toch naar 't goede doel;
Meineed maakt meineed goed, als vuur het vuur
Bij 't aderschroeien van gebrande wonden.
De godsdienst is 't, die eeden houden doet,
Maar wat gij zwoert, is met den godsdienst strijdig;
Gij zwoert dus tegen dat, waarbij gij zwoert,
En maakt een eed tot pand van trouwe tegen
Een andren eed; de waarheid, die ge onzeker
Bezweert, zweert dit: geen eed te zullen breken;
(Wat spotternij ware anders iedere eed!)
Maar gij zwoert toch uw eed te zullen breken,
En breekt hem, als gij houdt, wat gij bezwoert.
Uw latere eed is tegen uwen eersten,
Is in uzelven opstand tegen u;
Geen beet're zege kunt gij ooit behalen,
Dan dat gij uw standvastig beter deel
Al wat u wuftheid inblaast, doet bestrijden.
'k Wil door gebed dit beter deel versterken,
Als gij dit niet versmaadt; doch doet gij 't wel,
Weet, dan treft u de dreiging onzer vloeken,
Zóó zwaar, dat gij ze nimmer af zult schudden,
Maar om hun zwarten last in wanhoop sterft.

Oostenrijk.

In opstand zijt ge, in opstand!

Bastaard.
>> Nog niet stil?
>> Kan zelfs een kalfsvel u den mond niet stoppen?

Lodewijk.
>> Te wapen, vader! 300

Blanca.
>> Op uw huw'lijksdag?
>> En tegen 't eigen bloed, dat gij gehuwd hebt?
>> Wat! moeten we op ons feest verslaag'nen nooden?
>> Moet schel trompetgeschal, dof tromgeroffel,
>> 't Geraas der hel onze' optocht begeleiden?
>> Mijn gade, hoor mij!—ach! hoe nieuw is „gade"
>> Nog in mijn mond!—doch o! bij dezen naam,
>> Dien nooit voor nu mijn tong heeft uitgesproken,
>> Smeek ik u op mijn knieën, doe mijn oom
>> Geen oorlog aan!

Constance.
>> En ik, o, op mijn knieën,
>> Die lang verhard van 't knielen zijn, smeek ik
>> U, deugdrijke dauphijn, verander niets
>> Aan 't vonnis, door den hemel ingegeven!

Blanca.
>> Nu zal ik uwe liefde zien; wat kan
>> U sterker roeren dan de naam van „vrouw"?

Constance.
>> Dat, wat hèm steunt, die u daar steunt; zijn eer.
>> O Lood'wijk, denk, denk aan uw eer, uw eer!

Lodewijk.
>> 't Is vreemd, uw majesteit schijnt koud te blijven,
>> Nu zulk een hoog belang u voorwaarts dringt.

Pandulf.
>> Ik wil den vloek verkonden op zijn hoofd.

Koning Philips.

Neen, neen, 't is nood'loos.—England, ik verzaak u,

Constance.

O, schoon herstel van kranke majesteit!

Eleonore.

O, vuig verraad van Fransche wankelheid!

Koning Jan.

Frankrijk, dit uur berouwt u nog dit uur.

Bastaard.

Paai Tijd de klokkeman, de kale koster,
Behaagt het hem?—Goed, dan berouwt het Frankrijk!

Blanca.

De zon is bloedig; schoone dag, vaarwel!
Wee mij! aan welke zijde moet ik treden?
Ik ben voor beide'; elk leger heeft een hand;
En wijl ik beiden vasthoud, scheuren woedend
Mij beide' uiteen en rijten mij in stukken!
Mijn gade, ik kan niet bidden, dat gij 't wint;
Oom, mijn gebed moet zijn, dat gij 't verliest;
Mijn vader, 'k mag geen wensch doen u ten voorspoed;
Grootmoeder, uwen wensch wil ik niet wenschen;
Wie hier ook winne, ik ben het, die verlies,
Beslist verlies, en eer het spel begint.

Lodewijk.

Bij mij, prinses, zult ge uw geluk niet derven.

Blanca.

Waar mijn geluk leeft, moet mijn leven sterven.

Koning Jan.

Ga, neef, trek onze legermacht bijeen.—

(De Bastaard af.)

Frankrijk, van heeten toorn word ik verteerd,
Een woede, die ontvlamd is tot een gloed,
Dat niets haar kan bedaren, niets dan bloed,
Het bloed, het hoogst geschatte bloed van Frankrijk.

Koning Philips.

Uw toorn moet u verbranden, gij vergaat
Tot asch, aleer ons bloed dat vuur zal blusschen.
Pas op! u dreigt gevaar en tegenspoed!—

Koning Jan.

Niet meer dan mijn bedreiger.—Op, met moed!

(Allen af.)

Tweede Tooneel.

Frankrijk. *Een vlakte bij* Angers.

Strijdgedruisch en aanvallen. De Bastaard komt op met Oostenrijks *hoofd.*

Bastaard.

Zoo waar ik leef, dit wordt een heete dag;
Een booze luchtgeest spookt hier in het zwerk
En stort verderf neer.—Kop van Oostenrijk,
Lig daar, terwijl de bastaard adem schept.

(Koning Jan, Arthur *en* Hubert *komen op.)*

Koning Jan.

Hubert, bewaak den knaap.—Kom, Philip, op!
Mijn moeder werd in onze tent verrast
En is gevangen, vrees ik.

Bastaard.

> Wees gerust;
> 'k Heb haar bevrijd; zij is in veiligheid;
> Toch op, mijn vorst! thans brengt geringe moeite
> Dit groote werk ras tot een heuglijk eind.

(Allen af).

Derde Tooneel.

Aldaar.

Strijdgedruisch, aanvallen, terugtocht. Koning JAN, ELEONORE, ARTHUR, *de Bastaard,* HUBERT *en Edellieden komen op.*

Koning Jan

> (*tot* ELEONORE). Zoo zij het; uwe hoogheid blijv' hier achter,
> Met sterke wacht.—(*Tot* ARTHUR.) Zie niet zoo treurig, neef;
> Grootmoeder heeft u lief en oom zal ook
> Voor u zoo goed zijn, als uw vader was.

Arthur.

> O, dit verdriet zal wis mijn moeder dooden.

Koning Jan.

> (*tot den Bastaard*). Gij neef, spoed u naar Engeland, ons vooruit;
> En schud, vóór onze komst, de buidels leêg
> Van pottende abten; stel gevangen englen
> In vrijheid, want ik moet mijn hong'rig krijgsvolk
> Nu met des vredes vette ribben spijzen.
> Rek onze volmacht uit, zoover zij reikt.

Bastaard.

>Klok, boek en kaarsen drijven mij niet weg,
>Als goud en zilver mij tot komen wenken.
>Vaarwel, mijn vorst.—Grootmoeder, ik wil bidden—
>Als ik eens de' inval krijg van vroom te zijn—
>Voor uw geluk, en kus u thans de hand. 16

Eleonore.

>Vaarwel, mijn waarde kleinzoon.

Koning Jan.

>   Neef, vaarwel.

>   (*De Bastaard af.*)

Eleonore.

>Kom hier, mijn kleine nazaat; luister eens.

(*Zij neemt* Arthur *ter zijde.*)

Koning Jan.

>Treed nader, Hubert. O, mijn beste Hubert,
>Wij zijn in uwe schuld; dit huis van vleesch
>Omsluit een ziel, die u schuldeischer weet,
>En uwe trouw met rente u wil betalen;
>En uw vrijwillige eed, mijn lieve vriend,
>Leeft hier, met zorg verpleegd, in deze borst.
>Geef mij de hand. Ik had u iets te zeggen,—
>Maar zoek nog steeds een beter melodie.
>Hubert, bij God, ik ben bijna beschaamd
>Te zeggen, hoe ik u genegen ben.

Hubert.

>Ik ben uw majesteit recht veel verplicht.

Koning Jan.

>Nog hebt gij, vriend, geen grond om zoo te spreken,
>Doch heb geduld;—hoe traag de tijd ook kruip',
>Toch komt de dag, dat ik u goed zal doen.
>Ik had u iets te zeggen,—maar toch, neen,
>'t Is heldre zonneschijn; de trotsche dag,

Omstuwd van de vermaken van de wereld,
Is veel te speelsch, te vol van bonten pronk,
Om 't oor te leenen. Zoo te middernacht
De klok, met ijz'ren tong en bronzen mond,
Voortgalmde in 't loome sluipen van de nacht,—
Zoo 't hier een kerkhof ware, waar wij staan,
En gij door duizend krenkingen bezeten,—
Of zoo die sombre geest, melancholie,
Uw bloed verdroogd had, zwaar en dik gemaakt,
Dat kitt'lend anders de aad'ren op- en afloopt
En naar het oog dien zotskap, 't lachen, drijft,
Die dan de wangen spant tot ijd'len lust,
Een stemming, bij mijn plannen diep gehaat,—
Of, zoo gij zonder oogen mij kondt zien,
Mij hooren zonder oor, en zonder tong
Mij antwoord geven, met gedachten slechts,
Oor, oog noch boozen woordenklank gebruikend,—
'k Zou, trots het waakzaam broeden van den dag,
U mijn gedachten in den boezem storten.
Maar ach, ik wil niet;—toch ben ik uw vriend,
En meen, voorzeker, dat ook gij mijn vriend zijt.

Hubert.

Zoo zeer, dat, wat gij mij gebiedt te doen, 56
Al moest de dood ook volgen op de daad,
Ik toch, bij God, het doen zou.

Koning Jan.

                        Wist ik 't niet?
Vriend Hubert! Hubert,—Hubert, werp uw blik
Op gindschen jongen knaap. Verneem, mijn vriend,
Hij is een echte slang op mijnen weg,
En waar mijn voet zich heenwendt, hij ligt vóór mij,
Steeds, overal. Verstaat gij mij? 'k Vertrouwde
Hem aan uw hoede.

Hubert.

                    Ik wil hem zoo behoeden,
Dat uwe hoogheid niets te duchten heeft.

Koning Jan.

>   Dood.

Hubert.

> Mijn vorst?

Koning Jan.

> Een graf.

Hubert.

> Hij leve niet.

Koning Jan.

> Genoeg.
> Nu kan ik vroolijk zijn. Hubert, ik ben
> Uw vriend; wat ik u toedenk, zeg ik niet;
> Houd in gedachten!—Eedle vrouw, vaarwel;
> De krijgsmacht, u beloofd, zend ik u toe.

Eleonore.

> Mijn zegen ga met u!

Koning Jan.

> Kom, neef, naar England!
> Hubert zij thans uw dienaar, begeleide u
> Met echte trouw!—Komt, op nu, naar Calais!

>   (*Allen af.*)

Vierde Tooneel.

Aldaar. *De tent van den Koning van Frankrijk.*

Koning PHILIPS, LODEWIJK, PANDULF *en Gevolg komen op.*

Koning Philips.

> Zoo wordt op zee door 't loeien van een storm

>   Een gansche armada van vereende zeilen
>   Verspreid en hun verbond uiteengespat.

Pandulf.

>   Houd moed, getroost! dra gaat weer alles goed.

Koning Philips.

>   Hoe kan dat goed gaan, wat zoo kwalijk loopt?
>   Wij zijn geslagen en Angers genomen;
>   Arthur gevangen, waarde vrienden dood;
>   En bloedig England weêrgekeerd naar England,
>   Frankrijk ten spijt, trots elke hindernis.

Lodewijk.

>   Wat hij veroverd heeft, heeft hij versterkt;
>   Zóó vuur'ge spoed, zóó door verstand bestuurd,
>   Zóó kalm beleid bij zulk een stout bedrijf
>   Is zonder wedergâ. Wie las of hoorde
>   Ooit van een krijgstocht, zooals deze was? 14

Koning Philips.

>   Ik zou dien lof aan England kunnen gunnen,
>   Als ik van onze schande een voorbeeld vond.

(CONSTANCE *komt op.*)

>   Zie, wie komt daar? een graf van eene ziele,
>   Dat in des bangen adems lagen kerker
>   Haars ondanks de' eeuw'gen geest besloten houdt.—
>   Vorstin, ik bid u, ga met mij van hier.

Constance.

>   Nu ziet gij, ziet gij de uitkomst van uw vrede!

Koning Philips.

>   Bedaar, Constance; wees getroost, melieve!

Constance.

>   Neen, ik versmaad alle andren raad en troost,
>   Dan 't eind van elken raad, den waren troost,

Dood! dood!—O lieve, schoone, zoete dood!
Gij heerlijk geur'ge stank! gezond verderf!
Verhef u van uw bed der eeuw'ge nacht,
Gij haat en schrik van wie voorspoedig is,
En kussen wil ik uw verfoeid gebeente,
Mijn oogen in uw leêge kassen drukken,
Mijn vingren met uw huisgewormte ringlen,
Deze adempoort met walglijk stof verstoppen,
En zulk een rif en monster zijn als gij.
Kom, grijns mij toe, 'k wil denken, dat gij glimlacht,
En als uw vrouw u kussen. Kom tot mij,
Ellendes liefste!

Koning Philips.

O schoone droef'nis, stil!

Constance.

Neen, neen, zoo lang ik lucht heb, wil ik klagen.—
O, had de mond des donders mijne tong,
Dan zou mijn jammerklacht de wereld schokken,
En uit zijn slaap dat vreeslijk rif doen rijzen,
Dat eener vrouwe zwakken roep niet hoort
En lacht met een gewone geestbezwering!

Pandulf.

't Is dolheid, vrouwe, wat gij uit, geen kommer.

Constance.

Onheil'ge man, die leugens van mij spreekt!
Ik dol! dit haar, waaraan ik ruk, is 't mijne;
Ik heet Constance; ik was de vrouw van Godfried;
Mijn zoon is Arthur, en hij is verloren!
Ik dol!—o, gave God, dat ik het waar'!
Want dan zou ik mijzelf wellicht vergeten;
O, kon ik dit, wat leed vergat ik dan!—
Gij, predik wijsheid, om mij dol te maken,
En heiligspreking loont u, kardinaal. 52
Nu ik niet dol, maar van mijn leed bewust ben,
Nu wijst mij mijn verstandlijk deel den weg,
Hoe ik mij van dat wee bevrijden kan,
En leert mij, mij te dooden, te verhangen;

Doch ware ik dol, ik zou mijn zoon vergeten
Of zag een pop van doeken aan voor hem.
Ik dol! o al te wel, te wel gevoel ik
Van ieder onheil het veelvuldig wee!

Koning Philips.

Bind uwe vlechten op.—O, welke liefde
Ontwaar ik in die rijke lokkenpracht!
Waar bij geval een zilvren druppel viel,
Daar hechten duizend dradendunne vrienden
Zich aan dien druppel in vereende smart,
Als echte, als onafscheidbre trouwe lieven,
Die vast elkaar omklemmen in den nood.

Constance.

Naar England! wilt ge?

Koning Philips.

Bind uw haren op.

Constance.

Dat wil ik, ja; en waarom wil ik 't doen?
Ik reet hen uit hun banden en riep luid:
„O, konde deze hand mijn zoon zoo slaken,
Als zij de vrijheid aan mijn haren schenkt!"
Doch nu misgun ik hun die schoone vrijheid
En wil hen weder in hun boeien slaan,
Wijl mijn lief kind een arm gevangene is.—
En, vader kardinaal, ik hoorde u zeggen,
Dat we in den hemel de onzen zien en kennen;
Is 't zoo, o, dan zie ik mijn zoon eens weer;
Want nooit sinds Kaïn, de eerste knaap, het licht zag,
Tot op den zuig'ling, die sinds gist'ren ademt,
Zag de aard een kind, zoo rijk begaafd als hij.
Nu zal de worm, het leed, mijn knop verderven,
Het jeugdig schoon verjagen van zijn wang,
En hol zal hij er uitzien als een spook,
Zoo bleek en mager als een koude koorts,
En zal zóó sterven, zoo ook weer verrijzen;
En als ik hem ontmoet in 't hemelhof,—
'k Zal hem niet kennen; daarom nimmer, nimmer,

Neen, nimmer zie 'k mijn lieven Arthur weer.

Pandulf.

Gij geeft te zondig aan uw kommer toe.

Constance.

Zoo spreekt een man, die nooit een zoon bezat.

Koning Philips.

Gij mint uw smart niet minder dan uw kind.

Constance.

Smart vult de plaats van mijn afwezig kind, 93
Ligt in zijn bed, gaat op en neêr met mij.
En bootst zijn blikken, praat zijn woorden na,
Brengt al zijn lieflijkheid mij voor den geest,
Vult met zijn vorm zijn leege kleedren op;
En heb ik dan geen grond, de smart te minnen?—
Vaartwel, waart gij als ik beroofd, ik zou
U beter kunnen troosten, dan gij mij.—
Ik wil geen tooisel dulden op mijn hoofd,
Als zulk een stoornis heerscht in mijnen geest.
O God! mijn knaap, mijn Arthur, mijn lief kind!
Mijn hart, mijn heil, mijn levensbrood, mijn alles!
Mijn weduwtroost, mijn heulsap in het leed!

(CONSTANCE *af.*)

Koning Philips.

Ik vrees een wanhoopsdaad en wil haar volgen.

(*Koning* PHILIPS *af.*)

Lodewijk.

Niets, niets ter wereld kan mij meer verheugen;
Het leven is langwijlig als een sprookje,
Een slaap'rig man tweemaal in 't oor gereld;
Een bittre smaad vergalt de zoete wereld,
Zoodat zij smaad en bitterheid slechts schenkt.

Pandulf.

> Kort vóór 't genezen van een erge kwaal,
> Als heeling volgt en nieuwe kracht, is de aanval
> Het heftigst; en een kwaad, dat afscheid neemt,
> Toont bij het heengaan juist zich op zijn ergst.
> Wat ging te loor, toen gij den dag verloort?

Lodewijk.

> De roem, de vreugd, ja, al 't geluk mijns levens.

Pandulf.

> Dat waar' gebeurd, zoo gij gewonnen hadt.
> Neen, neen, wanneer Fortuin den mensch wil goeddoen,
> Dan blikt zij hem met dreigende oogen aan.
> 't Is ongelooflijk, hoeveel Jan verloor
> Door wat hij louter winst acht. U is 't leed,
> Wiet waar, dat Arthur hem in handen viel?

Lodewijk.

> Gewis, zooveel als hem de vangst verblijdt.

Pandulf.

> Uw geest is even jong nog als uw bloed.
> Doch hoor, wat mijn profetengeest u zegt;
> Want de adem zelfs, van wat ik zeggen wil,
> Zal ieder stofje of halm, den kleinsten aanstoot,
> Wegblazen van het pad, dat uwen voet
> Naar Englands troon zal voeren; daarom hoor.
> Jan heeft thans Arthur weggevoerd; onmooglijk
> Kan de overweldiger des troons, kan Jan,
> Zoolang warm leven in 's kinds aad'ren speelt,
> Een uur, een ademtocht zelfs rust genieten.
> De hand, die tegen 't recht een scepter greep,
> Behoeft geweld voor 't hoeden, als voor 't winnen;
> Wie op een gladde helling staat, versmaadt
> Geen steun, hoe slecht ook, zoo die helpen kan.
> Zoo Jan wil blijven staan, moet Arthur vallen;
> Zoo zij het, want het kan niets anders zijn.

Lodewijk.

> En wat kan ik door Arthurs val ooit winnen?

Pandulf.

> Gij kunt in naam van Blanca, van uw gade,
> Zijn rijk voor u dan eischen, als nu Arthur.

Lodewijk.

> En rijk, lijf, alles derven, als nu Arthur.

Pandulf.

> Wat zijt gij groen en jong in de oude wereld!
> Voor u wroet Jan; de tijd spant saam met u;
> Wie zijn geluk in bloed, echt bloed, gaat domp'len,
> Vindt slechts een bloedig en onecht geluk.
> Die boos bedreven daad zal 't hart verkoelen
> Van heel zijn volk, hun ijver doen bevriezen;
> En juub'lend groeten zij de kleinste kans,
> Die opkomt, om zijn troon omver te stooten;
> Er komt geen luchtverheev'ling aan den hemel,
> Geen werking der natuur, geen donk're dag,
> Geen bolle wind, geen alledaagsch verschijnsel,
> Waarvan zij niet den waren aard miskennen,
> Ze meteoren, wond'ren, teekens noemend,
> Voorboden, wangeboorten, hemelstemmen,
> Verkondigers der wraak, die Jan bedreigt.

Lodewijk.

> 't Kan wezen, dat hij Arthurs leven spaart,
> Door zijn gevangenschap zich veilig reek'nend.

Pandulf.

> O, prins, wanneer hij van uw naad'ring hoort,
> En Arthur nog niet uit den weg geruimd is,
> Dan sterft hij op die tijding, en dan keert
> Heel 't volk het hart vol weerzin van hem af,
> Kust onbekenden ommekeer de lippen,
> En zuigt uit Jans bebloede vingertoppen
> Gerechte gronden tot verzet en wraak. 168
> En, o! wat broedt de tijd nog beet're dingen

Dan deze u uit! De bastaard Faulconbridge
Is thans in England, brandschat daar de kerken
En krenkt de vromen; ware een twaalftal Franschen
Gewapend ginds, zij waren als een lokstem,
Die tienmaal duizend Engelschen hun handvol
Versterken deed, gelijk een vlokje sneeuw
Voortrollend tot een berg wordt. O, dauphijn,
Ga met mij naar den koning. 't Is verbazend,
Wat zich uit hun misnoegdheid smeden laat,
Nu aller hart tot aan den rand vol wrok is.
Naar England dus; ik spoor den koning aan.

Lodewijk.

Ja, kom! een klemmend woord geeft hand'len klem,
En zegt gij ja, wacht dan geen neen van hem.

(Beiden af.)

Vierde Bedrijf.

Eerste Tooneel.

Northampton. *Een vertrek in het slot.*

Hubert *en twee Dienaars komen op.*

Hubert.

 Maakt mij die ijzers heet, en schuilt dan weg
 Daar achter 't wandtapijt; komt, als mijn voet
 Der aarde boezem stampt, fluks voor den dag,
 En bindt den knaap, dien gij dan bij mij vindt,
 Vast aan den stoel; geeft acht! Nu heen, en luister!

Eerste Dienaar.

 'k Hoop, dat uw volmacht toereikt voor die daad.

Hubert.

 Onnooz'le twijfling! ducht gij niets, let op!

       (*De Dienaars af.*)

 Kom, jonge knaap; ik heb u iets te zeggen.

(Arthur *komt op.*)

Arthur.

    Goeden morgen, Hubert.

Hubert.

    Goeden morgen, kleine prins.

Arthur.

    Zóó kleine prins,—hoe groot mijn aanspraak zij
    Om meer te zijn,—als moog'lijk,—Gij ziet somber.

Hubert.

    Ik ben wel vroolijker geweest.

Arthur.

                Mijn hemel!
    Mij dunkt, geen mensch moest somber zijn dan ik;
    Toch weet ik nog recht goed, ik zag in Frankrijk
    Wel jeugdige eed'len somber als de nacht,
    Uit grilligheid. Zoo waar ik christen ben,
    Ware ik slechts vrij, al ware ik schapenhoeder,
    Den lieven langen dag zou 'k vroolijk zijn;
    Ja, 'k zou het hier zelfs zijn, als ik niet vreesde,
    Dat mij mijn oom nog erger leed wil doen,
    Want hij is bang voor mij en ik voor hem.
    Kan ik het helpen, dat ik Godfrieds zoon ben?
    Toch zeker niet; bij God, ik wenschte, Hubert,
    Dat ik úw zoon was, als gij van mij hieldt.

Hubert

    (*ter zijde.*) Spreek ik met hem, dan zal zijn kinderpraat
    Mijn medelijden, dat nu dood is, wekken;
    'k Wil daarom snel te werk gaan en het doen.

Arthur.

    Gij ziet er bleek uit, Hubert; zijt gij ziek?
    Nu, 'k wenschte wel, dat gij 't een weinig waart,
    Opdat ik heel de nacht bij u mocht waken;
    Ik wed, gij zijt mij liever dan ik u.

Hubert.

 Zijn praten neemt mijn boezem in bezit.—
 Hier, lees dit, Arthur.

(*Hij laat hem een papier zien.*)

      (*Ter zijde.*) Welk onnoozel
vocht!
 Wijst gij de deur aan onmeedoogend foltren?
 'k Moet kort zijn, anders drupt mijn vast besluit
 Mij de oogen uit in weeke vrouwetranen.—
 Kunt gij 't niet lezen? is 't niet goed geschreven?

Arthur.

 Te goed, te goed voor zulk een boozen inhoud.
 Moet gij met gloeiend ijzer beî mijn oogen
 Uitbranden?

Hubert.

   Knaap, ik moet.

Arthur.

      En wilt gij?

Hubert.

        Ja.

Arthur.

 Hebt gij er 't hart toe? Toen gij pijn in 't hoofd hadt,
 Bond ik u stijf mijn zakdoek om het hoofd,—
 Mijn besten, mij door een prinses gewerkt,—
 En heb dien nooit van u teruggevraagd.
 'k Hield met de hand die nacht het hoofd u vast,
 En, zooals waakzaam de minuten 't uur,
 Verkortte ik u den loomen gang des tijds,
 En vroeg: „Wat scheelt u?" en: „Waar hebt gij pijn?"
 Of: „Wat kan ik nu doen om u te helpen?"
 Ik denk, wel menig burgerkind waar' blijven liggen,
 En had geen vriendlijk woord tot u gezegd;
 Maar gij hadt voor uw ziekedienst een prins.

Gij denkt wellicht, mijn liefde was slechts sluwheid,
En noemt ze listig,—doe het als gij wilt;
Als God wil, dat gij mij mishand'len zult,
Dan moet gij 't doen.—Wilt gij mij de oogen blinden?
Die oogen, die op u nooit donker blikten,
En 't nimmer zullen doen?

Hubert.

      Ik heb 't gezworen.
Uitbranden moet ik ze u met gloeiend ijzer.

Arthur.

O, niemand deed het, waar 't geen ijz'ren tijd;
Dat ijzer zelf, hoewel roodgloeiend, zou,
Deze oogen naadrend, mijne tranen drinken
En zóó zijn vuur'ge drift en woede blusschen
In 't vocht, door weêrlooze onschuld voortgebracht;
Ja, zou daarna zichzelf in roest verteren,
Omdat zijn vuur mijn oogen had bedreigd,
En zijt gij harder dan gehamerd ijzer?
O, zoo een engel mij verschenen waar',
En had gezegd, dat Hubert mij zou blinden,
Hem had ik niet geloofd, niemand dan Hubert.

Hubert.

 Komt hier.

(*Hij stampt.*)

(*De Dienaars komen terug met hoorden, ijzers, enz.*)

    Doet wat ik u gebood.

Arthur.

 Help, Hubert, help! mijn oogen zijn reeds uit,
Reeds door den woesten blik dier booze mannen.

Hubert.

 Geeft hier het ijzer, zeg ik, bindt hem vast.

Arthur.

O God, waartoe behoeft gij zoo te woeden?
'k Wil doodstil staan, ik zal niet tegenspartlen.
Om Gods wil, Hubert, bind, neen, bind mij niet.
Neen, hoor mij, Hubert, jaag die mannen weg;
Stilzitten wil ik dan, stil als een lam,
Niet deinzen, geen woord zeggen, zelfs niet rillen,
Ja, ook niet toornig naar het ijzer zien.
Drijf slechts die mannen weg, en ik vergeef,
Wat martling gij mij dan ook aandoen wilt.

Hubert.

Gaat heen, van hier; laat mij alleen met hem.

Eerste Dienaar.

't Is goed, liefst ben ik ver van zulk een daad.

(De Dienaars af.)

Arthur.

O wee, een vriend heb ik daar weggekeven!
Zijn blik is donker, maar zijn hart is zacht.—
Roep hem terug, opdat zijn deernis leven
Aan de uwe geev'.

Hubert.

Kom, knaap, maak u gereed.

Arthur.

Geen uitkomst dus?

Hubert.

Geen; gij verliest uw oogen.

Arthur.

O, hemel, zat er in uw oog een splinter,
Een stofje, een zwevend haartje, een mug, een korrel,
Of een'ge stoornis in dat kost'lijk zintuig!
Dan voeldet gij, hoe fel daar 't minste steekt,
En wat gij voor hebt, kwame u gruw'lijk voor.

Hubert.

>Hebt gij mij dit beloofd? <u>Bedwing</u> uw tong.

Arthur.

>Hubert, het smeeken van twee tongen schoot
>Te kort bij 't pleiten voor een oogenpaar.
>Eisch niet, dat ik mijn tong betoom, neen, Hubert;
>Of als ge wilt, snijd mij de tong uit, Hubert,
>Zoo dit mijn oogen redt! O spaar mijn oogen,
>Al moeten zij ook niets meer zien dan u.
>Zie, op mijn woord, het werktuig is reeds koud,
>En zou geen leed mij doen. 105

Hubert.

>   Ik kan 't weer gloeien.

Arthur.

>Neen, neen, voorwaar; het vuur is dood, van droefnis,
>Dewijl 't, voor troost geschapen, onverdiend
>Tot gruwlen wordt gebezigd; zie slechts zelf;
>In deze kool hier huist geen boosheid meer;
>Des hemels adem blies den geest er uit,
>En strooit berouwvolle asch haar op het hoofd.

Hubert.

>Mijn adem kan haar doen herleven, knaap.

Arthur.

>Zoo gij dit doet, dan doet gij haar slechts blozen,
>Van schaamte gloeien, Hubert, om uw doen;
>Zij zal misschien uzelf in de oogen spatten,
>Gelijk een hond, dien men tot vechten drijft,
>Ook naar zijn meester, die hem aanhitst, bijt.
>Elk ding, waar gij mij mee wilt schaden, weigert
>Zijn dienst u; u alleen ontbreekt de deernis,
>Die 't grimmig vuur en ijzer toonen,—wezens,
>Voor deernislooze plannen steeds gebruikt.

Hubert.

>Nu,—zie, opdat gij leeft; ik raak uw oogen

> Voor al de schatten van uw oom niet aan;
> En toch, ik zwoer, en was besloten, knaap,
> Ze, met dit ijzer hier, u uit te gloeien.

Arthur.

> Nu ziet ge er uit als Hubert; al dien tijd
> Waart gij vermomd.

Hubert.

>   O stil! niets meer. Vaarwel!
> Uw oom mag niet vermoeden, dat gij leeft;
> Aan die verspieders disch ik sprookjes op.
> En nu, lief kind, slaap zonder zorg, gerust,
> Dat Hubert u, voor al der wereld schatten,
> Geen leed ooit doet.

Arthur.

>   O God, ik dank u, Hubert.

Hubert.

> Geen woord meer; sluip mij na, in stilte, schuw;
> In veel gevaar begeef ik mij voor u.

(Beiden af.)

Tweede Tooneel.

A l d a a r . *Een statiezaal in het paleis.*

Koning Jan, *gekroond;* Pembroke, Salisbury *en andere Lords komen op. De koning zet zich op den troon.*

Koning Jan.

> Hier zeetlen wij nog eens, nog eens gekroond,
> En, zoo ik hoop, aanschouwd met blijde blikken.

Pembroke.

Waar' dit „nog eens" niet uwer hoogheid wensch,
't Ware eens te veel; gij waart alreeds gekroond,
En 't koningschap was nooit aan u ontrukt,
Der mannen trouw door oproer nooit bevlekt,
En 't land ook niet beroerd door woelig streven
Naar nieuwe reegling of een beetren toestand.

Salisbury.

Daarom, met dubb'len praal een troon te sieren,
Een recht te omboorden, prachtig reeds omzoomd,
Fijn goud te gulden, lelies te overschildren,
't Viooltje met fijn reukwerk te oversprenklen,
Het ijs te gladden, bij den regenboog
Een nieuwe tint te voegen, en met kaarslicht
Het schitt'rend oog des hemels op te luistren,
Verkwisting is 't, belachlijke overdaad.

Pembroke.

Uw hooge wil verlangde 't, anders waar'
Dit doen als een oud sprookje, op nieuw verteld,
Dat bij het laatst herhalen elk mishaagt,
Dewijl 't ontijdig opgedrongen wordt.

Salisbury.

Zoo wordt het waardig, welbekend gelaat
Van 't oud, eenvoudig, goed gebruik ontsierd,
En, als een omgeslagen wind een zeil,
Zwaait dit de richting der gedachten om,
Maakt overweging huiv'rig en bezorgd,
Gezonde meening krank, waarheid verdacht,
Door 't aandoen van een zoo nieuwmodisch kleed.

Pembroke.

Wanneer een werkman 't beter maken wil
Dan goed, hij richt zijn kunst te grond door eerzucht;
Wanneer een fout met zorg ontschuldigd wordt,
Vaak wordt zij erger door de ontschuldiging,
Zooals een lap, die op een kleine scheur
Gezet wordt, juist door 't heelen de aandacht trekt,
En meer ontsiert dan de ongelapte scheur.

Salisbury.

In dien geest uitte, eer gij op nieuw gekroond werdt,
Zich onze raad, maar het behaagde uw hoogheid
Dien te verwerpen, en 't is allen goed,
Daar alles, ieder deel van wat wij wilden,
Geheel zich schikt naar uwer hoogheid wil.

Koning Jan.

'k Heb voor deez' dubb'le kroning enkle reed'nen
U meegedeeld, en houd die nog voor sterk;
Ik voeg er meer en beetre bij, zoodra
Mijn zorgen minder zijn;—doch vraagt inmiddels,
Verbeetring die gij wenscht, van wat niet goed is;
En ziet dan klaar, hoe gaarne ik uwe wenschen
Zoowel vernemen als verhooren wil.

Pembroke.

Zoo vraag dan ik, als dezer eedlen tong,
Die aller hartewenschen stem verleent,
Zoo voor mijzelf als hen, maar, bovenal,
Voor uwe veiligheid, die hen en mij
Tot stâgen ijver aandrijft,—vraag van harte
Arthurs invrijheidstelling, daar zijn hechtnis
Thans der misnoegdheid lippen morren doet,
Hen opwekt tot dit ongewenscht betoog: 54
„Bezit gij rechtens wat ge in rust bezit,
Hoe kan dan vrees, die, naar men zegt, van 't onrecht
De schreden volgt, u drijven, dat ge uw neef
Opsluit, een teedren knaap? zijn jonge dagen
In grove onwetendheid verstikt, zijn jeugd
't Rijk voorrecht weigert van een eedle vorming?"
Opdat geen vijand uws bewinds ooit meer
Hieruit een wapen smeed', zij onze bede,
Dat gij ons zijne vrijheid hebt doen vragen,
Waardoor wij niets verzoeken voor onszelf,
Dan in zooverre ons heil, op u berustend,
Uw heil het acht, dat hij in vrijheid zij.

(Hubert *komt op.*)

Koning Jan.

Zoo zij het dan, aan uwe leiding geef ik
Zijn jeugd nu over.—Hubert, brengt gij nieuws?

(HUBERT *fluistert den koning iets toe.*)

Pembroke.

Dat is de man, die 't bloedig stuk moest doen;
Hij liet een vriend van mij de volmacht zien.
De afspiegling van een zwarte booze daad
Leeft in zijn oog; dat saamgeplooid gezicht
Wijst op den storm van een ontroerd gemoed;
Ik vrees maar al te zeer, 't is reeds gedaan,
Wat wij zoo vreesden, dat hem was gelast.

Salisbury.

De kleur des konings komt en gaat; 't geweten
En 't moordplan zendt die heen en weer, zooals
Geschaarde legers 't hun herauten doen.
Zijn spanning stijgt; de buil is rijp, gaat bersten.

Pembroke.

En breekt zij open, 'k vrees, dan komt als etter
De dood er uit van een beminn'lijk kind.

Koning Jan.

Ik kan de sterke hand des doods niet keeren.—
Mijn beste lords, mijn wil tot geven leeft nog,
Maar wat gij hebt verzocht, is weg, is dood;
Hij meldt ons: Arthur overleed van nacht.

Salisbury.

Wij vreesden 't reeds, zijn kwaal was ongeneeslijk.

Pembroke.

Wij hoorden 't reeds, dat hij den dood nabij was,
Nog eer 't kind zelf iets van een ziekte wist;
Dit moet verantwoord worden, hier of ginds.

Koning Jan.

Wat richt ge op mij zoo fiere, strenge blikken?

Denkt gij, dat ik de schaar van 't noodlot voer
En over 's levens pols heb te bevelen?

Salisbury.

Hier is valsch spel gespeeld, en schandlijk is 't,
Dat hoogheid dit zoo grof te spelen waagt;
Heb bij uw spel geluk en vaar nu wel!

Pembroke.

Wacht nog, lord Salisbury, ik ga met u, 96
En zoek het erfdeel op van 't arme kind,
Het kleine koninkrijk, 't ontijdig graf.
Die recht had op dit eiland, wijd en zijd,
Erlangt drie voet er van! O booze tijd!
Dit is zoo niet te dulden; wat ons krenkt,
Barst zeker uit, en spoedig, eer men 't denkt.

(De Lords af.)

Koning Jan.

In verontwaardiging ontgloeid! 't Berouwt mij;
Geen hechte grondslag wordt op bloed gevest,
Geen zeker leven ooit op andrer dood.

(Een Bode komt op.)

Uw oog duidt schrik aan. Spreek, waar is dat bloed,
Dat ik in uwe wangen wonen zag?
Zoo zwarte wolken klaart niets op dan storm;
Ontboei uw vlaag!—Hoe gaat het ginds, in Frankrijk?

Bode.

Uit Frankrijk ras naar England.—Zulk een macht
Werd nooit voor een'gen krijgstocht naar den vreemde
En binnen de' omvang van een land gelicht.
Zij leerden 't, uwe snelheid na te bootsen;
Want nu gij hooren moest: zij rusten toe,
Komt reeds de boodschap: zij zijn aangeland.

Koning Jan.

Waar dronk zich ginds de waakzaamheid een roes?
Waar sliep zij dan? Waar is mijn moeders zorg,
Dat Frankrijk zulk een leger saam kon trekken
En zij het niet vernam?

Bode.

Mijn vorst, haar oor
Heeft stof verstopt. Op de' eersten van April
Stierf uw vereerde moeder; en ik hoorde,
Drie dagen vroeger stierf vorstin Constance
In razernij; doch enkel bij geruchte
Vernam ik dit; of 't waar is, weet ik niet.

Koning Jan.

Weerhoud uw spoed, gij schrikk'lijke verwikk'ling!
Treed met mij in verbond, tot ik verzoend ben
Met mijn misnoegde pairs.—Mijn moeder dood!
Hoe wild zal 't in mijn Fransch gebied dan toegaan!—
Wie is er aan het hoofd van 't Fransche leger,
Dat, zoo gij waarheid meldt, hier is geland?

Bode.

't Is de dauphijn.

(*De Bastaard komt op, met* Peter *van Pomfret.*)

Koning Jan.

Gij hebt mij 't hoofd doen duiz'len
Door uw bericht.—Nu, neef, wat zegt de wereld
Van uw bedrijf? vervul mijn hoofd niet verder
Met nog meer booze tijding; 't is reeds vol.

Bastaard.

Zijt gij bevreesd het ergste te zien komen,
Dan valle 't onvoorziens u op het hoofd.

Koning Jan.

Verschoon mij, neef, 'k was overstelpt, verbijsterd
Door zulk een vloed, maar nu schep ik weer adem,
't Hoofd boven water, en kan iedre tong

Gehoor verleenen, spreek' zij, wat zij wil. 140

Bastaard.

Hoe ik geslaagd ben met de geestlijkheid,
Moge u het geld, dat ik bijeenbracht, melden.
Maar op mijn reis door 't land hierheen vond ik
Het volk ter prooi aan vreemde geestverbijstring,
Bezeten van geruchten, ijdle droomen,
Niet wetend, wàt zij vreezen, maar vol vrees.
En hier is een profeet, dien ik uit Pomfret
U medebreng; ik vond hem daar op straat,
Waar honderden hem op de hielen volgden;
Hij zong hun voor, in ruwe, boersche rijmen,
Dat op aanstaande Hemelvaart, 's voormiddags,
Uw hoogheid afstand doen zou van de kroon.

Koning Jan.

Gij ijdle droomer, waarom zegt gij dit?

Peter.

Ik weet vooruit, dat dit gebeuren zal.

Koning Jan.

Hubert, voer gij hem weg, breng hem in hechtnis;
En op dien middag, dat ik, zoo hij zegt,
De kroon zal nederleggen, moet hij hangen.
Breng hem in zekerheid en kom terug,
Ik heb u noodig.

(HUBERT *af, met* PETER.)

O mijn beste neef,
Hebt gij gehoord, wie aangekomen zijn?

Bastaard.

De Franschen, heer, dit is in aller mond;
'k Trof ook lord Bigot en lord Salisbury,
Met oogen, rood als pas ontglommen vuur,
En andren meer; zij zochten Arthurs graf,
Die, zeggen zij, van nacht is omgebracht
Op uwen wensen, uw last.

Koning Jan.
>Mijn lieve neef,
Ga, meng u in hun kring, ik weet een middel,
Om weder mij hun liefde te herwinnen.
Ga, breng hen tot mij.

Bastaard.
>'k Wil hen zoeken, heer.

Koning Jan.
>Ja, spoed u, zet uw besten voet nu voor.
O, thans geen vijand uit mijn onderdanen,
Nu vreemde tegenstanders hier mijn steden
Doen sidd'ren door een fellen, stouten inval!
Wees mijn Merkuur, hecht vleugels aan uw voet,
En vlieg als een gedachte tot mij weer.

Bastaard.
>De geest des tijds moet vuur'gen spoed mij leeren.

(De Bastaard af.)

Koning Jan.
>Gesproken als een man van wakkren geest.— 177
IJl gij hem na; wellicht is hem een bode
Recht welkom tusschen hem en gindsche pairs;
Wees gij die.

Bode.
>Ja, mijn vorst, van ganscher harte.

(De Bode af.)

Koning Jan.
>Mijn moeder dood!

(HUBERT *komt terug.*)

Hubert.
>Mijn vorst, men zegt, er werden

Vijf manen deze nacht bijeen gezien;
Vier stonden er van stil, de vijfde omzwierde
Die andre vier met wonderbaren loop.

Koning Jan.

Vijf manen?

Hubert.

Grijze mannen, oude vrouwen
Voorspellen op de straat er onheil uit.
Prins Arthurs dood is reeds in aller mond,
En bij 't bespreken schudden zij het hoofd,
En fluistert de een den ander iets in 't oor;
En hij, die spreekt, vat dan des hoorders pols,
En uit des hoorders trekken spreekt ontzetting
Door knikken, wenkbrauwfronsen, rollende oogen.
Ik zag een smid, zoo, met zijn hamer staan,
Terwijl zijn ijzer op zijn aanbeeld koud werd,
Met open mond des snijders nieuws verslindend,
Die, met zijn schaar en maatreep in de hand,
En op zijn muilen, die zijn vlugge haast
Aan de verkeerde voeten had geworpen,
Van vele duizend Fransche krijgers sprak,
Die reeds in Kent geheel slagvaardig stonden.
Een ander schraal en haav'loos ambachtsman
Valt plots'ling in en spreekt van Arthurs dood.

Koning Jan, Vierde Bedrijf, Derde Tooneel.

Koning Jan.

>   Wat tracht gij dezen angst mij mee te deelen?
>   Wat komt gij weer terug op Arthurs dood?
>   Uw hand versloeg hem; ik had groote reden
>   Hem dood te wenschen, gij voor 't moorden niet.

Hubert.

>   Niet, Heer? hebt gij er mij niet toe gedreven?

Koning Jan.

>   Dat is der vorsten vloek, gediend te worden
>   Door slaven, die in luimen volmacht zien
>   Tot inbraak in des levens bloedig huis,
>   Uit de' oogwenk van 't gezag een wet zich maken,
>   En wanen van verbolgen majesteit
>   Den wil te kennen, als die 't voorhoofd rimpelt
>   Misschien veel meer uit luim dan overleg.

Hubert.

>   Hier is uw hand en zegel voor mijn daad.

Koning Jan.

>   O, als de reek'ning tusschen aarde en hemel
>   Gesloten wordt, dan zal die naam, dat zegel
>   Getuigen ter verdoemnis tegen ons.
>   Hoe vaak bewerkt het zien van 't booze werktuig
>   De booze daad! Waart gij daar niet geweest,
>   Een knaap, gekozen door natuur, gemerkt,
>   Gestempeld om een schanddaad te begaan,
>   Nooit waar' die moord mij in den zin gekomen;
>   Doch toen ik acht sloeg op uw gruwlijk uitzicht,
>   U bruikbaar dacht voor snood en bloedig werk,
>   Gezind, geschikt voor doodsgevaarlijk doen,
>   Toen repte ik even, zacht, van Arthurs dood;
>   En gij, om in eens konings gunst te dringen,
>   Zaagt tegen 't moorden van den prins niet op.

Hubert.

>   Mijn vorst,—

Koning Jan.

> Hadt gij het hoofd geschud, een poos gezwegen,
> Toen ik van mijn bedoeling duister sprak,
> Een twijflend oog op mijn gelaat gericht,
> Alsof ge een duidlijk woord van mij verlangdet,
> Dan had wis schaamte mij verstomd, gestuit,
> En uwe vrees had vrees in mij verwekt.
> Doch gij verstondt mij daadlijk uit mijn wenk,
> En traadt door wenken in verbond met zonde;
> Ja, zonder aarz'len was uw hart bereid;—
> En zoo voltrok uw ruwe hand de daad,
> Die geen van beider mond had durven noemen.
> Uit mijn gezicht, en zie mij nimmer weer!
> Mijn adel valt mij af; uitheemsche krijgers
> Trotseeren mijn gezag tot voor mijn poort;
> Ja, binnen 't lichaam van dit vleeschlijk land,
> Dit vorstendom, dit rijk van bloed en adem,
> Heerscht krijg, inwendige opstand; mijn geweten
> Bestrijdt er fel den dood van mijnen neef.

Hubert.

> Weer gij die andren af, die u bestrijden,
> Want ik verzoen uzelven met uw ziel.
> Prins Arthur leeft; en deze mijne hand
> Is schuldloos nog, een maagdlijk reine hand,
> Niet met de purperkleur van bloed bevlekt.
> En evenmin kwam in mijn borst de neiging,
> De gruwel van een moordgedachte ooit op.
> Natuur hebt gij belasterd in mijn vorm,
> Die, schoon uitwendig ruw, het hulsel is
> Van eene ziel, te goed om met den moord
> Van een onschuldig kind zich te bezoedlen.

Koning Jan.

> Leeft Arthur nog? O spoed u naar de pairs!
> Werp dit bericht voor hun ontvlamde woede,
> En breng hen tot gehoorzaamheid terug.
> Vergeef, wat mij de hartstocht zeggen deed
> Van uwe trekken; blind was daar mijn woede;
> En oogen, vol van bloedgezichten, schetsten
> U veel meer schrikverwekkend dan gij zijt.

O, antwoord niet, maar breng de toornige eedlen
Aan 't hof; dat hen uw drang tot ijlen noop';
'k Bezweer u langzaam, sneller zij uw loop!

(*Beiden af.*)

Derde Tooneel.

A l d a a r. *Voor het slot.*

Arthur *verschijnt op den muur.*

Arthur.

De muur is hoog, maar springen wil ik toch.—
Erbarm u, goede grond, en deer mij niet!—
Schier niemand kent mij; en al ware 't zoo,
't Scheepsjongenskleed vermomt mij voor een elk.
Ik ben beangst, en toch wil ik het wagen.
Breek ik de beenen niet, dan vind ik wis
Wel middel om te ontkomen. 't Zij hoe 't zij,
Hier sterf ik zeker, liever sterf ik vrij.

(*Hij springt neer.*)

Wee mij, het hart mijns ooms is in 't gesteente!
God hebb' mijn ziel en England mijn gebeente!

(*Hij sterft.*)

(Pembroke, Salisbury *en* Bigot *komen op.*)

Salisbury.

Ik zal hem bij Sint Edmund's Bury treffen;
Zoo zijn wij veilig, en wij moeten treden
In 't vriendlijk aanbod van den boozen tijd.

Pembroke.

Wie bracht den brief des kardinaals ons over?

Salisbury.

De graaf Melun, een edel pair van Frankrijk,
Die mond'ling van de gunst van den dauphijn
Veel meer berichtte, dan dit schrijven inhoudt.

Bigot.

Zoo laat ons morgenochtend hem begroeten.

Salisbury.

Van hier gaan, meent gij; want wij hebben, lords,
Twee lange dagen reis, aleer we er zijn.

(*De Bastaard komt op.*)

Bastaard.

Vandaag nog eens gegroet, ontstemde lords!
De koning vraagt u, fluks tot hem te komen.

Salisbury.

De koning heeft ons zelf van zich vervreemd.
Wij voêren niet zijn dunnen, vuilen mantel
Met onze vleklooze eer; wij volgen niet
Zijn voet, die, waar hij treedt, bloedsporen nalaat.
Keer, zeg hem dit; het ergste is ons bekend.

Bastaard.

Hoe boos ge ook denkt, een goed woord acht ik 't best.

Salisbury.

De toorn, en niet beleefdheid, wil zijn recht nu.

Bastaard.

Gij hebt slechts weinig recht in uwen toorn;
Dus ware 't recht, dat uw beleefdheid sprak.

Pembroke.

Heer, heer, de gramschap heeft haar eigen voorrecht.

Bastaard.
>Zichzelf te kwetsen, ja, maar niemand anders. 33

Salisbury.
>Dit is de kerker. (ARTHUR *ontwarend.*) Wie is 't, die daar ligt?

Pembroke.
>O dood, met reine vorstenschoonheid pralend!
>Geen graf had de aard, om deze daad te helen!

Salisbury.
>De moord, als hatend wat hijzelf bedreef,
>Legt dit hier bloot, om zoo tot wraak te manen.

Bigot.
>Of toen hij aan het graf dit kleinood wijdde,
>Vond hij het voor een graf te vorstlijk rijk.

Salisbury.
>Sir Richard, wat zegt gij? Hebt gij 't gezien,
>Gehoord, gelezen, kondt gij ooit het denken,
>Ja, kunt gij thans zelfs denken, nu gij 't ziet,
>Dat, wat gij ziet? Kon zelfs gedachte, zonder
>Dit voorbeeld, zoo iets denken? 't Is het toppunt,
>De helm, de kam, de kam des kams van 't wapen
>Des moords. Dit is de wreedste, schandlijkste ondaad,
>De wildste woestheid, de allerlaagste snoodheid,
>Die parelblinde toorn of dolle woede
>Ooit aan der zachte deernis tranen bood.

Pembroke.
>Die moord ontschuldigt alle vroegre moorden,
>Die moord, zoo eenig, zoo voorbeeldeloos,
>Zal aan der toekomst ongeboren zonden
>Reinheid verleenen, glans van heiligheid;
>Nu doet, bij 't licht van dit afschuw'lijk schouwspel,
>Een dood'lijk bloedbad als een scherts zich voor.

Bastaard.

>Het is een bloedig, een doemwaardig werk,
>Het heilloos schendstuk van een zware hand,
>Indien eens menschen hand het werk volbracht.

Salisbury.

>Indien eens menschen hand het werk volbracht!—
>Wij zagen 't scheem'ren dezer daad vooraf;
>Het is het schendig werk van Huberts hand,
>Het opzet en het drijven van den koning;
>Aan zijnen dienst onttrek ik nu mijn ziel,
>Neêrknielend bij dit puin van lieflijk leven;
>En adem bij dit ademloos kleinood
>Den wierook van een heilige gelofte,
>Der wereld vreugde nimmermeer te proeven,
>Noch ooit besmet te worden door genot,
>Noch om te gaan met rust en ledigheid,
>Aleer ik deze hand verheerlijkt heb
>Door haar den glans van heil'ge wraak te schenken.

Pembroke. Bigot.

>Vroom stemmen onze zielen met u in.

(HUBERT *komt op.*)

Hubert.

>Ik gloei van 't ijlen, lords, om u te zoeken;
>Prins Arthur leeft; de koning zendt om u.

Salisbury.

>O, hij is stout, en bloost niet voor den dood,—
>Weg, gij gehate schurk, scheer u van hier.

Hubert.

>Ik ben geen schurk.

Salisbury.

>   Moet ik 't gerecht bestelen?

(*Hij trekt zijn zwaard.*)

Bastaard.

Uw zwaard is blank, heer; steek het weder op.

Salisbury.

Nog niet; het wil eens moord'naars huid tot scheede.

Hubert.

Terug, lord Salisbury, terug, zeg ik!
Mijn zwaard, bij God, is even scherp als 't uwe.
Ik wil niet, lord, dat gij uzelf vergeet,
't Gevaar van mijn gerechte noodweer tartend;
Want licht zou ik, bij de' aanblik uwer woede,
Uw waarde, uw adel en uw rang vergeten.

Bigot.

Weg, mesthoop! waagt ge een edelman te trotsen?

Hubert.

Neen, bij mijn leven; doch ik sta, zoo 't moet,
Voor mijn onschuldig leven zelfs een keizer.

Salisbury.

Gij zijt een moordnaar.

Hubert.

     Maak niet, dat ik 't word;
Nog ben ik 't niet. Wiens tonge valsch beticht,
Hij spreekt onwaar; en wie onwaar spreekt, liegt.

Pembroke.

Houwt hem in stukken!

Bastaard.

     Houdt den vrede, zeg ik.

Salisbury.

Terug gij, of ik tref u, Faulconbridge.

Bastaard.

>   Tref dan den duivel liever, Salisbury.
>   Zie mij slechts donker aan, of stampvoet eens,
>   Of laat uw drift het wagen mij te smaden,
>   En 't is uw dood; steek op uw zwaard, en snel,
>   Of zóó ros ik u af, u en uw braadspit,
>   Dat gij verklaart, de duivel is hier los.

Bigot.

>   Wat wilt gij doen, doorluchte Faulconbridge,
>   Wilt gij een schurk, een moordnaar, bij gaan staan?

Hubert.

>   Dat ben ik niet.

Bigot.

>   Wie doodde dezen prins?

Hubert.

>   'k Verliet hem, nog geen uur geleden, wèl;
>   'k Vereerde, 'k had hem lief; mijn leven lang
>   Beween ik 't einde van zijn lieflijk leven. 106

Salisbury.

>   Vertrouwt dat sluwe vocht niet van zijn oogen;
>   Want zulke druppels mist de boosheid nooit,
>   En hij, die uitgeleerd is, doet ze beken
>   Van deernis en van zuivere onschuld schijnen.
>   Komt allen met mij, gij, wier ziel de lucht,
>   Die walging wekt, verafschuwt van een slachthuis;
>   Hier stik ik bijna van dien zondewalm.

Bigot.

>   Ja, komt, naar Bury; komt, naar den dauphijn!

Pembroke.

>   Dáár kan de koning,—zeg hem dit!—ons spreken.

>   (*De Lords af.*)

Bastaard.

Een fraaie wereld!—Wist gij van de daad?
Hoe ver, hoe eindloos ver genade reike,
Indien gij, Hubert, dezen doodslag deedt,
Zijt gij verdoemd.

Hubert.

     Heer, hoor mij, hoor mij aan!

Bastaard.

  Ha, 'k wil iets u zeggen:
Gij zijt verdoemd, zoo zwart,—wat is zoo zwart?
Dieper verdoemd zijt gij dan Lucifer;
Geen geest der hel zal zoo afzichtlijk zijn
Als gij, zoo gij dit kind hebt omgebracht.

Hubert.

  Bij mijne ziel—

Bastaard.

     Hebt gij slechts toegestemd
In deze gruweldaad, zoo wanhoop steeds;
En, zoo ge een koord behoeft, de dunste draad,
Ooit door een spinnelijf gesponnen, wringt
Den strot u toe; een riet wordt u een balk,
Waaraan gij hangen kunt; wilt ge u verdrinken,
Doe slechts een luttel water in een lepel,
En dit zal voor u zijn als de oceaan,
Genoeg om zulk een booswicht te versmoren.
'k Heb zwaren, zwarten argwaan tegen u.

Hubert.

  Ben ik door daad, door bijval, door gedachten,
Aan 't rooven van dien zoeten adem schuldig,
Die in dit schoone leem besloten was,
Dan miss' de hel nog foltringen voor mij!
'k Verliet hem wèl.

Bastaard.

     Ga, draag hem in uw armen!
Ik ben verbijsterd, dunkt me, en mis den weg

In 't doornenbosch en al 't gevaar des levens.—
Hoe licht heft gij daar nu gansch England op!
Uit dit klein stukje doode koningschap
Week 't leven, 't recht, de trouw van heel dit rijk
Ten hemel; en aan England blijft nu over
Krakeel en twist en 't scheuren met de tanden
Van 't onbeheerde recht des trotschen troons.
Bij 't afgeknaagde been van koningshoogheid
Zet nu de wolfsche krijg zijn maan omhoog,
En snauwt naar vredes zachte, lieflijke oogen.
Nu spant uitheemsch geweld en inheemsch oproer
Tot één doel saam; verwoesting loert en wacht,
Gelijk een raaf bij een bezwijkend beest,
't Verval af der geroofde heerlijkheid.
Gelukkig hij, wiens gordelriem en mantel
Dit noodweer uithoudt.—Draag dat kind van hier,
En volg mij spoedig; naar den koning wil ik.
Veel duizend zorgen dringen, hand aan hand,
En toornig blikt de hemel op dit land.

(Beiden af.)

Vijfde Bedrijf.

Eerste Tooneel.

Aldaar. *Een zaal in het paleis.*

Koning Jan, Pandulf *met de kroon, en Gevolg komen op.*

Koning Jan.

>Zoo heb ik dan den haarband van mijn glorie
>In uwe hand gelegd.

Pandulf

>(*de kroon teruggevend.*) Aanvaard op nieuw
>Uit deze mijne hand, als leen des pausen,
>Uw koninklijke hoogheid en gezag.

Koning Jan.

>Houdt thans uw heilig woord; ga tot de Franschen;
>Gebruik uw volmacht van zijn heiligheid,
>En stuit hun tocht, eer alles hier ontvlamt.
>In opstand zijn onze onvernoegde graven,
>In tweedracht ligt het volk met zijnen plicht,
>Daar 't onderdanentrouw en liefde zweert
>Aan uitlandsch bloed, aan vreemde koningsmacht.

Die overstrooming van ontaarde sappen
Te breid'len, staat in uwe macht alleen.
Dus draal niet, want zoo krank is deze tijd,
Dat, zoo men de arsenij niet spoedig toedient,
't Verderf ras ongeneeslijk wezen zal.

Pandulf.

Mijn adem was het, die den storm verwekte,
Wijl gij den paus hardnekkig hadt weerstaan;
Maar nu, daar ge een berouwvol zondaar zijt,
Zal ook mijn tong dien oorlogsstorm bezweren,
Schoon weder schenken aan 't geteisterd land.
Herdenk: op dezen dag, op Hemelvaart,
Nadat gij aan den paus uw leeneed zwoert,
Legt Frankrijk bij mijn komst de waap'nen neder.

(*Pandulf af.*)

Koning Jan.

Is 't Hemelvaart? Wat zeide de profeet?
Dat ik op Hemelvaart voor 't middaguur
De kroon zou nederleggen? 'k Heb 't gedaan.
Dit zou door dwang geschieden, dacht ik toen;
Doch, Gode dank, 't geschiedde slechts vrijwillig.

(*De Bastaard komt op.*)

Bastaard.

Gansch Kent gaf zich reeds over; enkel 't slot
Van Dover kon 't nog houden; Londen heeft
Blij den dauphijn ontvangen met zijn krijgers;
Uw eed'len luistren niet naar u, maar hebben
Den vijand reeds hun diensten aangeboden;
En blinde radeloosheid rent in 't rond
Bij 't klein getal van uw onzeek're vrienden.

Koning Jan.

En wilden mijne lords niet wederkeeren,
Toen zij vernamen, dat prins Arthur leeft?

Bastaard.

Zij vonden dood hem liggen op den weg,
Een ledig kastje, waar 't juweel des levens
Uit was gestolen door een vloekb're hand.

Koning Jan.

Die booswicht Hubert zeide, dat hij leefde.

Bastaard.

Nu, bij mijn ziel, hij sprak naar wat hij wist.—
Doch waarom buigt gij 't hoofd en ziet gij somber?
Wees groot in 't handlen, als uw denken 't was.
Laat niet de wereld vrees en droef mistrouwen
In de' oogopslag ontwaren van een vorst.
Wees rustloos als de tijd, vuur tegen vuur,
Bedreig den dreiger, overtrots den trots
Van snoevende verschrikking, opdat de oogen
Van laag'ren, die zich steeds naar hoog'ren richten,
Door uwen voorgang schittrend, met den glans
Van wakk'ren, onversaagden moed zich tooien.
Van hier! en glans, gelijk de god des oorlogs,
Wanneer hij 't sieraad zijn wil van het veld;
Toon stoutheid en een hoopvol zelfvertrouwen.
Wat! zullen ze in zijn hol den leeuw bestoken,
Daar schrik aanjagen, daar hem sidd'ren doen?
O, dat dit niemand zegg'!—Vooruit! zwerf rond,
En zoek den opstand op, ver van uw deur,
En grijp hem aan, eer hij u nader komt!

Koning Jan.

De pauslijke legaat is hier geweest,
En 'k heb met hem een blijden zoen getroffen;
En hij nam op zich, 't leger des dauphijns
Naar huis te zenden.

Bastaard.

    O onteerende afspraak!
Wat! zullen wij op eigen grond en erf
Nu zoete woordjes géven, ons verdragen,
Flikflooiend smeeken, laf een vrede sluiten
Met ingedrongen waap'nen? zal een melkbaard,
Een zijden pronker, Englands velden trotsen,

> Zijn moed op onzen strijdb'ren bodem koelen,
> De lucht met ijdel vaangewapper hoonen,
> En zonder weerstand? Neen, mijn vorst, te wapen!
> Wellicht mislukt den kardinaal de vrede,
> En zoo ook niet, dan moog' men zien en zeggen:
> „Zij stonden reeds gereed tot tegenweer!"

Koning Jan.

> U zij de leiding dezes tijds vertrouwd.

Bastaard.

> Op dan, met goeden moed! Want weet, ik acht,
> Zelfs stouter vijand vlood voor onze macht!

(Allen af.)

Tweede Tooneel.

Een vlakte bij Sint Edmund's Bury.

Gewapend komen op: Lodewijk, Salisbury, Melun, Pembroke, Bigot, *met Soldaten.*

Lodewijk.

> Laat, graaf Melun, hiervan een afschrift nemen;
> Dit worde ter herinn'ring goed bewaard;
> En geef 't oorspronklijk stuk den lords terug,
> Opdat èn zij èn wij, 't verdrag bezittend,
> Bij 't overlezen weten, wat wij saâm,
> Bij 't nemen van het sacrament, bezwoeren,
> En vast, onwrikbaar zijn in onze trouw.

Salisbury.

> Wij zullen onzerzijds die nimmer breken.
> En, eed'le prins, al zweren wij u hier
> Vrijwill'gen ijver, ongedwongen trouw
> Bij uwe zaak, geloof mij toch, dauphijn,

't Verheugt mij niet, dat zulk een kwaal des tijds
Een pleister door verfoeiden opstand zoekt,
En de' ouden kanker ééner wonde heelt,
Door velen er te maken. 't Grieft mijn ziel,
Dat ik dit ijzer van mijn zijde trekken
En weeuwen maken moet; o! en juist daar,
Waar eed'le redding, kloeke tegenweer
Den naam van Salisbury tot leuze heeft.
Maar zoo groot is 't verderf van dezen tijd,
Dat voor 't herstel en 't welzijn van ons recht
Wij niets vermogen, dan juist door de hand
Van warr'lend onrecht, ongerechte strengheid.—
O, is 't geen jammer, mijn gekrenkte vrienden,
Dat wij, de zoons en kindren van dit eiland,
Geboren zijn tot zulk een bitter uur,
Dat we in 't gevolg van vreemde legerscharen
Die moeder op den teed'ren boezem treden,
Haars vijands rijen vullen,—'k ga ter zijde,
De smet van dien gedwongen kamp beschreiend,—
Om de' adel op te luistren van een ver,
Vreemd land, hier vreemde vanen te verzellen?
Wat! hier? O volk, dat gij verhuizen kondt!
Neptunus' armen, die u dicht omstrenglen,
U voerden, waar ge uzelven niet meer kent,
En vast u haakten aan een heidensch strand,
Waar deez' twee christenlegers 't wrokkend bloed,
In steê van 't onbuurschapp'lijk te vergieten,
Vereenden in één bondgenootenaâr!

Lodewijk.

Die taal is spiegel van uw eed'len aard; 40
Die boezemstrijd van dwang en liefde brengt
Een aardeschudding voort van adeldom.
O welk een eed'len kamp hebt gij gestreden
Van dwang des tijds en ridderlijk gevoel!
Sta toe, dat ik dien eed'len dauw u afwisch,
Wiens zilver over uwe wangen vloeit.
Bij vrouwetranen smolt mijn harte vaak,
En die zijn toch een daaglijksche overstrooming;
Maar deze vloed van zulke een mannedroppen,
Die stortbui opgewaaid door zielestorm,

Vervaart mijn oogen en ontzet mij meer,
Dan zoo ik 's hemels hooge welving gansch
Met vuur'ge meteoren zag bemaald.
Hef op het hoofd, vermaarde Salisbury,
En dring met uw groot hart dien storm ter zij;
Laat zulke waat'ren aan die zuiglingsoogen,
Die nooit der reuzenwereld woeden zagen,
't Geluk nooit anders kenden dan van feesten,
Recht warm van bloed, van vreugd, van drok gesnap.
Kom, kom; want in des voorspoeds rijken buidel
Steekt gij voorwaar uw hand niet minder diep,
Dan Lood'wijk zelf;—dit doet gij allen, eed'len,
Die uwe spierkracht aan de mijne knoopt.

(PANDULF *komt op, met Gevolg.*)

Zie, is 't niet, of een engel dit mij ingaf?
De heilige legaat treedt ijlings nader,
En geeft ons volmacht van des hemels hand,
En stempelt op ons doen den naam van 't recht
Met heil'gen adem.

Pandulf.

               Heil, doorluchte prins!
Hoor dit nu:—Koning Jan heeft zich met Rome
Verzoend; zijn geest keerde in zichzelven in,
Die pas zoo uitvoer op de heil'ge kerk,
De groote bisschopsstad, den Roomschen stoel.
Daarom, rol thans uw fiere vanen op,
En tem den woesten geest des wilden krijgs,
Dat hij, een leeuw gelijk, die uit de hand
Is grootgebracht, aan vredes voet zich vlije,
Zacht, enkel naar zijn uitzicht nog geducht.

Lodewijk.

Hoogwaardige, vergeef; 'k wil niet terug.
Ik ben te hooggeboren voor lijfeig'ne,
Voor een, die staâg eens meesters wil volbrengt,
Of voor een bruikbaar dienstman, voor een werktuig,
Al waar' het van der wereld hoogsten troon.
Uw adem blies de doode kolen aan

>   Des krijgs van dit vernederd rijk en mij;
>   Gij bracht de brandstof aan om 't vuur te voeden,
>   En nu is 't veel te sterk om 't uit te blazen
>   Met zulk een zwakken wind als die 't ontstak.
>   Gij deedt het aanschijn van het recht mij kennen,
>   Gij toondet mij mijn aanspraak op dit land,
>   Ja, wierpt deze onderneming in mijn hart;
>   En komt gij nu vertellen: Jan heeft vrede
>   Gemaakt met Rome? Wat raakt mij die vrede?
>   Ik eisch, naar de eere van mijn huwlijksbed,
>   Na Arthurs dood dit land voor mij als 't mijne,
>   En nu het half veroverd is, moet ik 95
>   Terug, wijl Jan met Rome vrede sloot?
>   Ben ik dan Rome's slaaf? Wat penning gaf,
>   Wat manschap, welke waap'nen zond mij Rome,
>   Om mij te steunen? Ben ikzelf het niet,
>   Die alle lasten draag? Wie, dan ikzelf
>   En zij, die mijn bevelen volgen, zwoegt
>   Bij dezen tocht en zet den oorlog door?
>   Hoorde ik mij door deze eilandsteden niet
>   Met „Vive le Roy!" luid groeten, waar ik aankwam?
>   Heb ik de beste troeven niet in handen,
>   Om 't spel, dat om een kroon gaat, licht te winnen?
>   En zou ik dit gewonnen spel nu geven?
>   Neen! op mijn eer, dit geeft men nooit mij na.

Pandulf.

>   Gij ziet de zaak alleen van buiten aan.

Lodewijk.

>   Van buiten of van binnen,—ik blijf hier,
>   Totdat mijn veldtocht zooveel roems verwierf,
>   Als aan mijn fiere hoop was toegezegd,
>   Eer ik dit wakker krijgsheer samenbracht,
>   En van alom die vuur'ge harten uitlas
>   Om zege te overtrotsen, roem te winnen,
>   Zelfs in de kaken van gevaar en dood.

(*Trompetgeschal*).

>   Wat kloeke krijgstrompet klinkt daar ons toe?

(*De Bastaard komt op, met Gevolg.*)

Bastaard.

    Verleent mij naar 't gebruik der hoff'lijkheid
    Alhier gehoor; ik spreek als afgezant.—
    Mij zendt de koning, heil'ge kardinaal,
    Ter kondschap, wat gij voor hem hebt bewerkt;
    En naar uw antwoord ken ik grens en volmacht,
    Waaraan mijn tong zich hier te houden heeft.

Pandulf.

    'k Vind den dauphijn te stug en wederstrevend;
    Hij weigert aan mijn aandrang zich te storen,
    En zegt ronduit, dat hij den krijg niet staakt.

Bastaard.

    Bij al het bloed, dat ooit in woede blaakte,
    Hij heeft gelijk.—Zoo hoort nu Englands koning;
    Want die spreekt hier zijn koningstaal door mij.
    Hij staat bereid, en heeft er reden toe;—
    Deze aperij, dit onbeleefd bezoek,
    Die malle pret, die maskerade in 't harnas,
    Dien melkbaardmoedwil en dit kinderkrijgsvolk,
    Belacht de koning, en hij staat gereed
    Dien knapenoorlog, die pygmeën-waap'nen
    Te zweepen uit den omtrek van zijn rijk.
    Die hand, wier kracht u voor uw eigen deur
    Afroste, en over de onderdeur deed springen,
    Als emmers in gedekte putten duiken,
    In 't stroo van uwe stallen kruipen deed,
    Als panden u in kist of koffer bergen,
    In 't varkenskot, in kerkers en gewelven
    U veiligheid deed zoeken, u deed beven
    En rillen, als uw landskraai kraaien ging,
    Wijl 't u de stem scheen van een Engelsch krijger;—
    Zou nu die overwinnaarshand verslapt zijn,
    Die in uw kamers u getuchtigd heeft?
    Neen, weet, de dapp're heerscher is gewapend,
    En als een arend zweeft hij over 't nest,
    Om neer te schieten, zoo dat nest bedreigd wordt.—
    En gij, ontaarde, ondankb're oproerlingen,

Bloedgier'ge Nero's, die het lichaam oprijt
Van uwe moeder England, gloeit van schaamte!
Want ziet, uw vrouwen en uw bleeke meisjes
Zijn Amazonen, tripp'len bij de trom,
Verruilen vingerhoed voor stalen handschoen;
Voor lansen hare naalden, 't zachte hart
Voor woesten moed en lust tot bloedvergieten.

Lodewijk.

Staak uw gepoch, en ga in vreê van hier;
In 't schelden zijt gij ons de baas. Vaarwel!
Te kostlijk is mijn tijd, om hem te spillen
Met zulk krakeel.

Pandulf.

     Veroorloof mij te spreken.

Bastaard.

Neen, ik wil spreken.

Lodewijk.

'k Hoor naar geen van beiden.—
De trom geroerd! de tong des krijgs bepleite
Thans ons belang en 't recht van hier te zijn.

Bastaard.

Uw trommen schreeuwen 't uit, als men ze slaat;
Dan zult ook gij, geslagen, doen. Roep vrij
Een echo op door 't schreeuwen van uw trom!
Nabij u is een trom, en goed gespannen,
Die even luid als de uwe klinken zal;
Roer vrij een tweede, een andre tweede zal
Zoo luid als de uwe, in 't oor van 't luchtwulf
raat'len,
Des donders stem bespotten; want nabij,—
Dien sluipenden legaat wantrouwend, dien
Hij meer uit scherts gebruikt heeft dan uit nood,—
Is krijgsheld Jan, en op zijn voorhoofd zetelt
Het hongrig rif des doods, wiens taak het is
Veel duizend Franschen heden te verslinden.

Lodewijk.
>Komt, roert de trom! wij zoeken dat gevaar.

Bastaard.
>Ja, zoek, Dauphijn; gij wordt het dra gewaar.

>>>(*Allen af.*)

Derde Tooneel.

Aldaar. *Een slagveld.*

Strijdgedruisch. Koning Jan *en* Hubert *komen op.*

Koning Jan.
>Hoe is de dag voor ons? O meld het, Hubert!

Hubert.
>Slecht, vrees ik. Doch hoe is 't uw majesteit?

Koning Jan.
>De koorts, die reeds zoo lang mij heeft geplaagd,
>Drukt zwaarder mij dan ooit; mijn hart is krank.

(*Een Bode komt op.*)

Bode.
>Mijn vorst, de dapp're Faulconbridge, uw neef,
>Vraagt, dat uw majesteit het veld verlate
>En hem bericht' door mij, waarheen gij gaat.

Koning Jan.
>Zeg hem, naar Swinstead, naar de abdij daar ginds.

Bode.
>Houd goeden moed; de krachtige versterking,

>Die de dauphijn alhier verbeidde, leed
>Op Goodwins zanden voor drie nachten schipbreuk.
>Sir Richard heeft zoo juist dit nieuws gehoord.
>De Franschen vechten mat en zijn aan 't wijken.

Koning Jan.

>Ach, door die booze koorts word ik verteerd;
>Ik kan dit heuglijk nieuws niet welkom heeten.
>Naar Swinstead! voer mij naar mijn draagstoel heen;
>Mijn zwakte neemt nog toe, 'k ben uitgeput.

(Allen af.)

Vierde Tooneel.

Aldaar. *Een ander gedeelte van het veld.*

SALISBURY, PEMBROKE, BIGOT *en Anderen komen op.*

Salisbury.

>Ik dacht den koning niet zoo rijk aan vrienden.

Pembroke.

>Op, op! nog eens! Den Franschen moed gegeven!
>Verliezen wij het, dan zijn wij verloren.

Salisbury.

>Die Faulconbridge, die bastaardduivel, maakt,
>Trots wie hem trots', alleen de slag ons hachlijk.

Pembroke.

>Men zegt, zwaar ziek verliet de koning 't veld.

(MELUN *komt op, gewond, door Soldaten geleid.*)

Melun.

Geleid mij hier naar de Engelsche rebellen.

Salisbury.

Wij heetten anders, in een beet'ren tijd.

Pembroke.

Het is de graaf Melun.

Salisbury.

Ter dood gewond.

Melun.

Vlucht, lords, gij zijt verraden en verkocht.
Trekt uit het oog van 't oproer uwe draden,
En neemt de trouw weer op, die gij verwierpt.
Zoekt uwen koning op, valt hem te voet;
Schenkt deze dag aan den dauphijn de zege,
Dan loont hij, is zijn plan, u al uw moeite,
En laat uw hoofden vallen. 't Werd bezworen
Door hem, door mij, door velen nog met ons,
Op 't altaar van Sint Edmunds' Bury; ja,
Aan 't eigen altaar, waar wij pas aan u
Getrouwe vriendschap, eeuw'ge liefde zwoeren.

Salisbury.

Maar kan dit waar zijn? Kan dit moog'lijk zijn?

Melun.

Heb ik den gruwb'ren dood niet reeds voor oogen?
Slechts luttel levens rest mij, dat al bloedend
Reeds wegvloeit, evenals een wassen beeld
Bij 't vuur ras smelt en allen vorm verliest.
Wat kan ter wereld thans mij doen bedriegen,
Nu alle winst me ontgaat van elk bedrog?
Wat zoude ik liegen, nu ik toch in waarheid
Hier sterven moet en ginds door waarheid leven?
'k Herhaal: zoo Lood'wijk heden zegeviert,
Dan breekt hij zijnen eed, indien uw oogen
Nog eens den dag in 't oosten rijzen zien.
Nog deze nacht, wier zwarte, giftige adem

>
> Alreeds den vuur'gen helm der oude, zwakke,
> Van 't schijnen moede zon met smook omwalmt,
> Nog deze booze nacht betaalt uw adem
> De boete van 't geschat, verkocht verraad
> Met de verradersboete van uw levens,
> Zoo Lood'wijk door uw bijstand zegeviert.
> Groet zeek'ren Hubert, volger van uw koning;
> Vriendschap voor hem, en dit ook, dat ikzelf
> Van mijn grootvader Engelsch bloed bezit,
> Wekt mijn geweten, dit u mee te deelen.
> Tot loon hiervoor, ik bid u, draagt mij weg,
> Ver van dit woeste strijdgewoel, opdat ik
> In ruste 't oov'rig deel van mijn gedachten
> Uitdenken moge, en lijf en ziel doe scheiden
> In overdenking en in vroom gebed.

Salisbury.

> 'k Geloof u,—en,—straff' God mijn ziel!—mij zijn
> De vorm en 't aanschijn welkom dezer schoone
> Gelegenheid, om weer de schreden onzer
> Doemwaarde vlucht terug, te niet te doen.
> Laat ons, als een teruggetreden stroom,
> Een wulpschen, regelloozen loop verzakend,
> Weer duiken in de boorden, die we ontvloden,
> En rustig vloeien in gehoorzaamheid
> Naar de' oceaan, naar onzen koning Jan.—
> Mijn arm zal helpen, om u weg te dragen;
> Ik lees de bitt're doodspijn in uw oog.—
> Dan nieuwe vlucht! Op, vrienden, heengesneld!
> Dit nieuwe is goed, daar 't oud, goed recht herstelt.

(*Allen af*; Melun *wordt weggedragen.*)

Vijfde Tooneel.

Aldaar. *Het Fransche legerkamp.*

LODEWIJK *komt op met een gevolg van Krijgslieden.*

Lodewijk.

> De zon des hemels, dunkt mij, zonk slechts dralend,
> Maar toefde en deed den westerhemel blozen,
> Toen Englands heer zijn eigen veld terugmat
> In moeden aftocht. O, wat schoon besluit,
> Toen wij, met laatst, maar nood'loos schutgevaarte,
> Na 't bloedig dagwerk goede nacht hun wenschten,
> En eervol onze vanen samenrolden,
> Het laatst in 't veld en schier er meesters van!

(*Een Bode komt op.*)

Bode.

> Waar is de prins dauphijn?

Lodewijk.

> Wat is er? Spreek.

Bode.

> De graaf Melun is dood, en de Engelsche eed'len
> Zijn op zijn raad van u weer afgevallen;
> En de versterking, lang door u gewenscht,
> Strandde op de Goodwin-zanden en verging.

Lodewijk.

> O vloek'bre, booze tijding!—Vloek op u!
> Zoo droeve nacht verwachtte ik niet, als mij
> Uw nieuws daar brengt.—Wie zeide, dat de koning
> Het veld ontvlood, een uur of twee aleer
> De plompe nacht de moede legers scheidde?

Bode.

> Wie 't ook gezegd hebb', het is waar, mijn vorst.

Lodewijk.

> 't Zij zoo.—Van nacht de posten goed bezet!
> De dag is wis zoo vroeg niet op als ik,
> Om morgen ons geluk weer te beproeven.

(*Allen af.*)

Zesde Tooneel.

Een open vlakte bij de abdij van Swinstead.

De Bastaard en Hubert *komen op, elkander ontmoetend.*

Hubert.
    Wie daar? spreek! ho! spreek daad'lijk, of ik schiet.

Bastaard.
    Goed volk.—En wat zijt gij?

Hubert.
                  Ik ben voor England.

Bastaard.
    Waar gaat gij heen?

Hubert.
    Gaat u dat aan? kan ik niet even goed
    U naar uw plannen vragen, als gij mij?

Bastaard.
    Hubert, naar ik geloof?

Hubert.
               Een goed geloof.
    Ik waag het dan en denk van u, dat gij
    Een vriend zijt, daar gij aan mijn stem mij kent.
    Maar wie zijt gij?

Bastaard.
    'k Ben wien gij wilt, maar wilt gij
    Mij een genoegen doen, zoo denk, dat ik

Wel eenig bloed heb der Plantagenets.

Hubert.

O lomp geheugen! gij en zwarte nacht
Doen mij beschaamd staan;—dapp're held, vergeef,
Dat eenig woord, van uwe tong gevloeid,
Aan 't scherp erkennen van mijn oor ontsnapte.

Bastaard.

Kom, kom; geen omhaal! zeg veeleer: wat nieuws? 16

Hubert.

En ik loop in de duistre nacht hier rond,
Om u te zoeken!

Bastaard.

Kort toch, wat is 't nieuws?

Hubert.

O, beste heer, nieuws, voor de nacht recht passend,
Zwart, vreeslijk, zonder troost en afschuwwekkend.

Bastaard.

Toon mij de ontbloote wond van uw slecht nieuws;
Ik ben geen meisje, en val er niet van flauw.

Hubert.

De koning is vergiftigd door een monnik,—
Zoo vrees ik,—is schier spraakloos;—ik vloog heen
Om u bericht te doen, opdat gij beter
U voor den drang van 't oogenblik kunt waap'nen,
Dan als u 't onheil later werd gemeld.

Bastaard.

Hoe kreeg hij 't in? wie heeft hem voorgeproefd?

Hubert.

Een monnik; wel een vastberaden schurk;
Hem barstte plotseling 't ingewand. De koning,—

Hij spreekt nog, komt misschien het nog te boven.

Bastaard.

En wie bleef nu zijn majesteit verplegen?

Hubert.

Wat! weet gij 't niet? de lords zijn weer terug;
Zij kwamen met prins Hendrik, op wiens bede
De koning hun vergiff'nis heeft geschonken;
Die zijn nu allen om zijn majesteit.

Bastaard.

Weerhoud, almachtig hemel, uwen toorn;
Beproef ons niet met al te zwaren last!
Hubert, mijn halve macht is deze nacht,
Op 't strand hier, overvallen door den vloed,
En Lincoln's wadden hebben hen verzwolgen;
Te nauwernood ben ik te paard ontsnapt.
Van hier, ga voor, geleid mij tot den koning;
Zeer vrees ik, dat hij dood is, eer ik kom.

(Beiden af.)

Zevende Tooneel.

De kloostertuin der abdij van SWINSTEAD.

Prins HENDRIK, SALISBURY *en* BIGOT *komen op.*

Prins Hendrik.

Het is te laat; het leven van zijn bloed
Is zwaar vergiftigd, en zijn helder brein,—
Het teeder huis, zoo meent men, van de ziel,—
Voorspelt reeds, door de wartaal, die het uit,
Het naad'rend einde zijner sterflijkheid.

(PEMBROKE *komt op.*)

Pembroke.

> Zijn hoogheid spreekt nog, en gelooft als zeker,
> Dat, als hij in de vrije lucht gebracht wordt,
> Het brandend knagen van het scherp vergif,
> Dat hem bestookt, gelenigd worden zal.

Prins Hendrik.

> Zoo breng hem hierheen, in den kloostertuin.

>> (BIGOT *af.*)

> Is hij nog woest?

Pembroke.

> Hij is veel kalmer nu,
> Dan toen gij hem verliet; hij zong daar zelfs.

Prins Hendrik.

> O, waan der ziekte! laatste felle kwalen
> Gevoelen, bij haar duur, zichzelf niet meer.
> De dood, die op de buitendeelen teerde,
> Verlaat die, wordt onzichtbaar en berent
> De ziel en geest, die hij doorpriemt en wondt
> Door dolle phantasieën bij legioenen,
> Die, dringend om de laatste veste, elkaar
> Vertrappen. Vreemd is 't, dat de dood nog zingt!
> Ik ben het zwaanjong van deez' bleeken zwaan,
> Die bij zijn eigen dood een klaaglied aanheft,
> En zoo, uit zijner zwakheid orgelpijp,
> Zijn lijf en ziel ter eeuw'ge ruste zingt.

Salisbury.

> Houd goeden moed, prins; gij toch zijt geboren,
> Om orde en vorm te brengen in den bajert,
> Dien hij zoo ruw en vormloos achterliet.

(BIGOT *komt terug, gevolgd door Dienaars, die den Koning op een stoel binnendragen.*)

Koning Jan.

> Ja, nu heeft mijne ziel weer elboogruimte;
> Zij wilde niet door deur of vensters uit!
> Er is zoo heet een zomer in mijn borst,
> Dat al wat in mij is tot stof verbrokkelt;
> Ik ben een teek'ning, met de pen gekrabbeld
> Op perkament, en schrompel bij dit vuur
> Nu gansch ineen. 34

Prins Hendrik.

> Hoe gaat het uwe hoogheid?

Koning Jan.

> Vergiftigd, dood, verlaten, uitgestooten!
> En niemand uwer roept den winter hier,
> Dat hij zijn ijshand in de keel mij steek';
> En niemand laat mijns rijks rivieren stroomen
> Door mijn verbrande borst, of doet het noorden
> Met scherpen wind mijn dorre lippen kussen
> En mij met koude laven! Weinig vraag ik,
> Slechts kouden troost, en toch zijt gij zoo hard
> En zoo ondankbaar, dat gij dien mij weigert.

Prins Hendrik.

> O, was er in mijn tranen een'ge kracht,
> Die u verkwikte!

Koning Jan.

> 't Zilt er van verschroeit.
> Er is in mij een hel, en het vergif
> Is daar gelijk een duivel ingesperd,
> Om 't bloed, dat redd'loos is verdoemd, te foltren.

(*De Bastaard komt op.*)

Bastaard.

> O, ik ben gloeiend van het ijlend jagen
> En de' ijver om uw majesteit te zien.

Koning Jan.

> O neef, gij komt, om 't oog mij toe te drukken;

De taak'ling van mijn hart is stuk, verbrand;
En al het want, waarmee mijn leven zeilde,
Is in één draad, in één dun haar verkeerd;
Met één arm koord slechts in mijn hart gestaagd,
Dat enkel houdt, zoolang ge uw tijding uit;
En dan is al, wat gij hier ziet, een stofklomp,
De vorm slechts van vernietigd koningschap.

Bastaard.

Ten marsch hierheen staat de dauphijn gereed;
En God weet, hoe wij hem ontvangen moeten;
De beste helft toch van mijn legermacht
Werd, toen ik opbrak met een goede kans,
Des nachts aan 't lage strand op 't onvoorzienst
Verzwolgen door den onverwachten vloed.

(*De Koning sterft.*)

Salisbury.

Uw doodsbericht klinkt in een oor, dat dood is.—
Mijn vorst!—Zoo even koning, en nu zóó.

Prins Hendrik.

Zoo moet ook mijn loop, zoo mijn stilstand zijn.
Wat is der aarde vastheid, troost, macht, lof?
Dit was zoo even koning, en nu stof!

Bastaard.

Gingt gij zoo heen? Ik blijf hier enkel achter,
Om u den plicht der wrake te volbrengen,
En dan dient mijne ziel u in den hemel,
Zooals zij steeds op aard u heeft gediend.—
Gij sterren, wentlend in uw rechten kring,
Waar hebt gij uwe macht? Toont thans uw echte,
Herstelde trouw en volgt mij fluks terug,
Om van de zwakke deur van 't zwijmend rijk
Onheil en eeuw'ge schande weg te drijven.
Den vijand opgezocht, of hij zoekt ons!
Reeds woedt, ons op de hielen, de dauphijn.

Salisbury.

Gij weet, zoo schijnt het, niet zooveel als wij;
Daarbinnen is de kardinaal en rust;
Hij kwam voor nog geen uur van den dauphijn,
En brengt van hem een vredesaanbod over,
Dat eervol en geheel aanneem'lijk is,
Waarbij de krijg onmidd'lijk wordt gestaakt.

Bastaard.

Dit doet hij te eerder, als hij ziet, dat wij
Wèl toegerust zijn, om hem af te weren.

Salisbury.

Ja, en het is reeds min of meer begonnen;
Want vele wagens heeft hij naar de kust
Reeds heengezonden, en zijn zaak en twist
Den kardinaal ter reeg'ling toevertrouwd,
Met wien nu gij en ik en andre lords,
Als 't u behaagt, nog dezen nadenmiddag
De zaak tot heuglijk einde willen brengen.

Bastaard.

Zoo zij het, goed!—En gij, mijn eed'le prins,
Met andre prinsen, die beschikbaar zijn,
Draagt zorg voor de begraaf'nis van uw vader.

Prins Hendrik.

Te Worcester wordt zijn lijk ter aard besteld;
Hij heeft het zoo beschikt.

Bastaard.

                      Zoo voert het derwaarts.
En tot geluk aanvaarde uw waarde hoogheid
Het erfrecht en de glorie van dit land!
Met need'rige onderwerping, op mijn knieën,
Wijd ik mijn trouwe diensten hier u toe,
En onderdanigheid voor heel mijn leven.

Salisbury.

En wij betuigen u gelijke liefde,
Die eeuwig zonder vlekken blijven moog'.

Prins Hendrik.

> Ik heb een vriendlijk hart, dat gaarne dankte,
> Maar weet niet, hoe ik 't zonder tranen doe.

Bastaard.

> O wijd den tijd niet meer rouw, dan volstaat;
> Hij eischte als voorschot reeds veel smart ons af.—
> Nooit lag dit England en het zal ook nimmer
> Aan eens verwinnaars trotsche voeten liggen,
> Tenzij het eerst zichzelf verwonden hielp.
> Nu hier zijn vorsten zijn teruggekeerd,
> Koom' vrij de gansche wereld ons bespringen;
> Wij trotsen haar. Niets brengt ons nood en rouw,
> Blijft England slechts zichzelve steeds getrouw.

(Allen af.)

Aanteekeningen.

Van dit stuk is geen afzonderlijke uitgave bekend; het schijnt eerst in de verzameling van Sh.'s dramatische werken, de Folio-uitgave van 1623, verschenen te zijn. Het behoort onder de stukken, die F r a n c i s M e r e s in 1598 in zijn *Palladis Tamia* vermeldt. Men mag naar de kenmerken, die stijl en versbouw bieden, als zeker aannemen, dat het niet lang vóór 1596 geschreven is, en, met de andere koningstukken vergeleken, nà Hendrik VI en Richard III, maar vóór Richard II, Hendrik IV en Hendrik V.

Terwijl Sh. voor de andere genoemde historiespelen vooral de kroniek van Holinshed (waarover later) bezigde, ligt aan den Koning Jan een ander, uit twee deelen bestaand drama, van een ongenoemden schrijver, ten grondslag, dat in 1591 verscheen en blijkens de proloog, die van Marlowe's Tamerlan gewag maakt, omstreeks 1590 gespeeld moet zijn. Doch al heeft Sh. aan dit stuk ook den gang der gebeurtenissen ontleend (echter nog met een menigte wijzigingen), hij heeft toch op zijn Koning Jan zoo zeer den stempel van zijn geest gedrukt, dat het als een geheel oorspronkelijk werk gelden mag. Aan het schrijven van den ouderen Koning Jan heeft Sh. ongetwijfeld niet het geringste deel gehad; het is zeker niet een arbeid zijner jeugd, al heeft ook een uitgever, die het stuk in 1611 nog eens uitgaf en dat van Sh. niet machtig kon worden, ter wille van het debiet op den titel gezet: „geschreven door W. Sh."; ja, al noemt een derde druk, van 1622 (dus nà Sh.'s dood, maar vóór de uitgave zijner gezamenlijke drama's in het licht gegeven), zijn naam voluit op den titel.

Men ziet uit het bovenstaande reeds, dat historiestukken in dien tijd gewild waren; daaraan hebben wij inderdaad die van Shakespeare te danken[1]. Evenzoo zag men, met name in den tijd van het tweede keizerrijk op de Parijsche volkstheaters in de voorsteden niet zelden het leven van Napoleon voorgesteld in zeer eigenaardige stukken, half drama's, half *tableaux vivants*. Een hoofdzaak was, dat er veel in getrommeld en geschoten werd en dat de groote armee overwon; het volk was tevreden, als het zijn grooten keizer met zijn staf van beroemde veldheeren en met zijn dappere soldaten in hun bekende uniformen weder voor zich zag, den keizer nogmaals bij Marengo en Austerlitz zag zegevieren; het was geroerd, als het hem bij Fontainebleau nogmaals den adelaar zijner garde zag omhelzen. Of bij dit alles de historische waarheid streng in acht werd genomen, deed minder ter zake.

Op gelijke wijze gaven in het laatste gedeelte der zestiende eeuw de Londensche schouwburgen reeksen van tooneelen te aanschouwen uit de Engelsche geschiedenis, vooral uit de oorlogen met Frankrijk, waarbij dan steeds de dapperheid der Engelschen boven die der Franschen moest uitkomen. De voornaamste personen: Talbot, Heetspoor, Warwick, Hendrik V, Richard III, enz., hoezeer aan het publiek langzamerhand zeer bekend, werden telkens met genoegen op nieuw gezien en de samensteller dezer stukken kon zich gerust allerlei gewaagde sprongen en weglatingen veroorloven, de toeschouwers waren met het onderwerp genoeg vertrouwd, om hem te volgen; het kwam er vooral op aan, de zwaarden en schilden goed te laten kletteren en de hoogdravende taal der koningen en grooten met boertige tooneeltjes af te wisselen, opdat de toeschouwers van allerlei aard, ieder op zijn wijze, konden genieten. Bij den aanvang van Sh.'s loopbaan was er naar zulke stukken veel vraag en ook Sh. leverde, wat verlangd werd; hij dramatiseerde de Engelsche geschiedenis en schikte zich naar de behandelingswijze zijner voorgangers, evenals de groote Italiaansche meesters de kerkelijke legenden schilderden in den trant, die gewenscht werd. Maar gelijk deze door de hoogte hunner kunst verre stonden boven handwerkslieden, die dezelfde onderwerpen penseelden, staat Sh., als dramatisch genie van den eersten rang, hoog boven al zijn voorgangers en tijdgenooten, door het leven, waarmede hij zijn personen weet te bezielen, door zijn kunst, om de gebeurtenissen uit het karakter der menschen te doen voortvloeien, door de levendigheid en natuurlijkheid zijner vroolijke tooneelen. Men zie eens, hoe de Bastaard in den loop van dit stuk uit een wakkere, stoute borst zich tot een patriot en held ontwikkelt. Toch dragen deze stukken, met name de eerst geschrevene, duidelijke sporen van hun oorsprong uit de genoemde volksdrama's; de hoogdravendheid, die wij hier en daar opmerken, de soms zorgelooze samenstelling, de stoutheid, waarmede gebeurtenissen in korte trekken worden saamgevat, de breede, veel plaats innemende uitwerking van enkele episoden, met name van comische tafereelen, dit alles wijst hierop terug. Men kan dan ook deze stukken geen eigenlijke drama's noemen, waaraan een eenheid van handeling ten grondslag moet liggen; zij zijn veeleer een aaneenschakeling van dramatische tooneelen, die meermalen schier alleen daardoor samenhangen, dat dezelfde personen er in optreden; soms is een enkel bedrijf of tooneel een geheel op zichzelf, dan weder behoeft de dichter meer dan één stuk om den oorsprong, voortgang en afloop eener handeling of gebeurtenis te verzinnelijken.

Van zelve komt de vraag in ons op, in hoeverre de voorstelling, die Sh. van de personen en gebeurtenissen geeft, met de historische waarheid overeenkomstig is. Ik meen deze vraag, die zich onwillekeurig aan iederen lezer opdringt, hier bij dit eerste koningsstuk niet beter te kunnen beantwoorden, dan met de getuigenis, door een beroemd geschiedschrijver, R a n k e, hieromtrent afgelegd[2]. Sh. bracht, zooals toen volstrekt niet ongewoon was, een reeks van personen uit de Engelsche geschiedenis ten tooneele. Met den lof, hem zoo mild toegezwaaid, dat hij ze met historische trouw heeft teruggegeven, kan men moeilijk instemmen. Of wie zou willen beweren, dat zijn Koning Jan en Hendrik VIII, zijn Gloucester en Winchester, of wel zijn Pucelle gelijken op de origineelen, wier naam zij dragen? De schrijver behandelt de groote vragen, waarom het te doen is; terwijl hij de kroniek zoo na mogelijk op den voet volgt en haar karakteristieke trekken opneemt, deelt hij toch aan de personen een rol toe, die aan zijn bijzondere opvatting beantwoordt; hij verleent aan de handeling levendigheid door beweeggronden, die de geschiedenis niet zou vinden en niet zou mogen aannemen; de karakters, die volgens de berichten en waarschijnlijk ook in de werkelijkheid nevens elkander stonden, treden bij hem uit elkander en hebben ieder hun eigen en eigenaardige wijze van zijn; eenvoudige omstandigheden, die anders slechts in het bijzonder leven van invloed zijn, doorkruisen de politieke handeling en werken daardoor poëtisch met verdubbelde kracht. Maar indien alzoo in bijzonderheden afwijkingen van de werkelijkheid zich voordoen, zoo getuigt toch de keus der gebeurtenissen, die ten tooneele worden gebracht, van een innig gevoel voor het historisch groote. Hij kiest bijna altijd toestanden en verwikkelingen van de grootste beteekenis: het ingrijpen der geestelijke macht in de burgertwisten, in Koning Jan; den plotselingen val van een welgevestigd koningschap, wanneer dit eenmaal de strenge lijn van het recht verlaat, in Richard II; den tegenstand, door een met geweld ten troon gestegen vorst van de vazallen, die hem ten troon hebben verheven, ondervonden, welke hem door onophoudelijke zorg en inspanning den dood bereidt, in Hendrik IV; het geluk van een voorspoedigen uitlandschen tocht, dien wij van de eerste vastberaden voorbereiding volgen tot den gevaarlijken strijd en de bevochten zege, en dan weer den ongelukkigen toestand, waarin een door de natuur niet tot regent gevormde vorst tusschen de naijverige en gewelddadige partijen geraakt, tot het zoo ver komt, dat hij den herder benijdt, die bij zijn kudde rustige dagen doorleeft, in Hendrik V en VI; eindelijk de weg der schrikverwekkende misdaad, dien de voor den troon niet bestemde koningszoon betreedt, om dezen toch te bestijgen; alles groote tafereelen in de geschiedenis der staten, niet alleen voor Engeland van beteekenis, maar symbolisch voor alle volken en hun vorsten. De vragen, in het parlement aanhangig, of die van godsdienstigen aard, roert de dichter slechts zeer zelden aan; en het mag wel opgemerkt worden, dat hij in Koning Jan de groote belangen, die tot de Magna Charta voerden, zoo goed als in het geheel niet vermeldt; daarentegen leeft hij en beweegt hij zich in de persoonlijke twisten van den ouden vazallenstaat, de wederkeerige rechten en plichten daarin. Een woord als dit: „zoo gij koning zijt, ben ik Bolingbroke" (in Richard II) onthult ons geheel het rechtsgevoel der middeleeuwen. De rede, die hij den bisschop van Carlisle (mede in Richard II) in den mond legt, is voor alle tijden geldig. De koningskroon, die de hoogste onafhankelijkheid verzekert, schijnt den dichter de wenschelijkste van alle bezittingen; maar het eerrijke goud verteert hem, die het draagt, door de onrustige zorg, die het met zich brengt."

Met welk een vrijheid de dichter te werk gaat, kan zeer wel uit den „Koning Jan" blijken. Niet alleen, dat hij vuurwapenen laat gebruiken in een tijd, dat zij nog niet uitgevonden waren, en Richard Leeuwenhart door den Hertog van Oostenrijk bij Limoges laat vallen, ook in belangrijker opzichten is zijn voorstelling niet met de geschiedenis in overeenstemming. Koning Jan en zijn grooten waren nog Fransche Normandiërs, die in Engeland heerschten; de oudere Plantagenets beschouwden hun groote leengoederen op het vasteland, waardoor zij vazallen aan Frankrijk waren, maar een macht bezaten, grooter dan die van hun leenheer, als hun eigenlijk vaderland; Engeland werd toen inderdaad door Fransche koningen geregeerd; zijn belangen waren geheel in strijd met die van zijn beheerders en het is voor Engeland een geluk geweest, dat zijn zevende Fransche vorst, Koning Jan, een nietige lafaard was, die zich uit Normandië liet verdrijven. Eerst toen zijn Normandische edelen hadden moeten kiezen tusschen het vasteland en het eiland, en door de zee op het laatst waren opgesloten, begonnen de veroveraars en overwonnenen, die onder de heerschappij van een slechten tyrannieken vorst, Koning Jan, dezelfde belangen te verdedigen hadden, elkander in vriendschap te naderen en het aan Jan afgedwongen Groot Charter was het eerste blijk hunner vereeniging, uit welke het Engelsche volk geboren werd.—Toen deze eerste stap gedaan was, werd in minder dan een eeuw de samenstelling voltooid; en het onderscheid tusschen Saksers en Noormannen, bij het aanvaarden der regeering door Jan nog zoo duidelijk zichtbaar, was tegen het einde van de regeering zijns kleinzoons nagenoeg uitgewischt. Toen Eduard III en na hem Hendrik V ter verovering van Frankrijk uittogen, werd het een strijd van Engelschen tegen Franschen en de overwinningen maakten een deel van Frankrijk tijdelijk tot een Engelsch wingewest, de overwinnaars werden bij hun thuiskomst door het Engelsche volk met geestdrift begroet.

Heeft Sh. hier alzoo de samensmelting der volksstammen te vroeg als voldongen voorgesteld, heeft hij verder den valschen, laffen, wreeden, steeds wankelenden koning Jan eigenlijk nog te gunstig geteekend, toch is in dit stuk veel meer waarheid, dan men na het gezegde vermoeden zou. Toen koning Richard gevallen was, stonden de zaken inderdaad zoo, als hij ze schildert. Jan matigde zich, op een uitersten wil van Richard Leeuwenhart steunende, de kroon aan; zijn moeder Eleonore, een eergierige en schrandere vrouw, trok mede te velde en verdedigde de Fransche provinciën bij afwezigheid van haar zoon; de bekwame Philips August wierp zich ter bescherming van Arthur op, onderhandelde persoonlijk met Jan en de vrede werd bezegeld door het huwelijk van den Dauphijn met Blanca van Castilië, nicht van Koning Jan; de kerk mengde zich inderdaad herhaaldelijk in de twisten; Koning Jan brandschatte de geestelijkheid, verzette zich tegen de benoeming van Stephen Langton tot aartsbisschop van Canterbury; door Innocentius III werd het interdict over Engeland en kort daarna de banvloek over den koning uitgesproken; adel en geestelijkheid vielen van den koning af; het volk was gedrukt en angstig; Jan vernederde zich voor den Paus en leide de kroon neder, om leenman van den Paus te worden en haar uit handen van Archidiaconus (niet Kardinaal) Pandulphus terug te ontvangen. Diens verbod vermocht evenwel niet, den oorlog tusschen Frankrijk en Engeland te doen staken, die voor Engeland een ongunstigen keer nam; hierbij kwam een opstand van den adel, die met de onderteekening van het groot Charter eindigde, maar door de trouweloosheid van Jan op nieuw ontbrandde en er toe leidde, dat de Dauphijn, door den adel geroepen, als kroonpretendent in Engeland landde en er zich twee jaren staande hield, den pauselijken ban trotseerend. Dat hij van plan was de Engelsche edelen met ondank te beloonen, en dat de graaf van Melun dit in zijn sterfuur zou geopenbaard hebben, is aan de kronieken ontleend, maar niet zeker. Dat koning Jan door een monnik der abdij van Swinstead vergiftigd zou zijn, is een gerucht, dat reeds vroeg ontstaan is; maar inderdaad stierf hij aan het onmatig gebruik van perziken en cider, toen hij ziek en koortsig was. Prins Hendrik was toen nog zeer jong.

De bastaard Philip Faulconbridge (Richard Plantagenet) is een verdicht persoon, maar wèl wordt in den strijd, waardoor onder de regeering van Hendrik III de Dauphijn uit Engeland verdreven werd, een bastaard van koning Jan, Richard geheeten, als dapper strijder en gelukkig aanvoerder genoemd; misschien heeft de volksoverlevering dezen in een bastaard van Leeuwenhart veranderd. De bastaarden speelden meermalen een groote rol; de in dit stuk voorkomende graaf van Salisbury, William Longsword, is mede een bastaard, namelijk van Hendrik II en de schoone Rosamunde.

Hubert de Burgh is in de geschiedenis bekend als trouw aanhanger des Konings, die zich zoowel op het vasteland als in Engeland door zijn dapperheid onderscheidde, vooral door zijn gelukkige verdediging van Dover tegen den Dauphijn. Toen in het jaar 1202 Arthur van Bretagne,—die niet zoo jong was als hij in dit stuk voorkomt,—aan Jan in handen viel, werd hij ter bewaking toevertrouwd aan Hubert de Burgh, toen bevelhebber van het slot Falaise in Normandië. Toen de koning zijn beulen naar Falaise zond, om Arthur de oogen uit te steken, verspreidde Hubert, om hem te redden, het gerucht, dat Arthur gestorven was, doch herriep dit weldra, toen Bretagne bij het hooren hiervan in opstand kwam. De koning gaf Arthur toen aan een ander toezicht over en liet hem naar Rouaan voeren, waar hij in het jaar 1203 op raadselachtige wijze verdween, naar sommigen willen, door koning Jan met eigen hand vermoord.

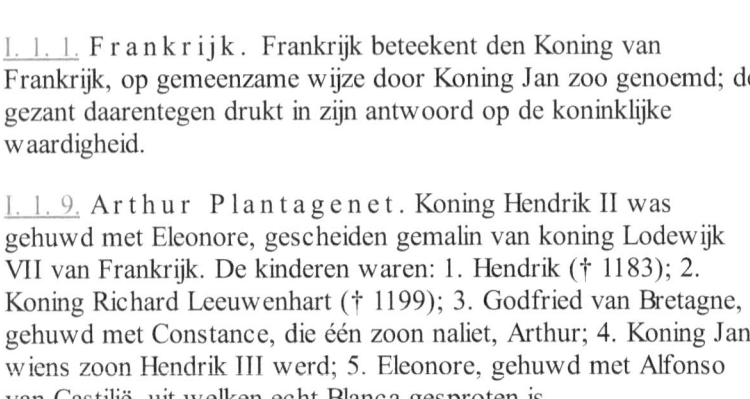

I. 1. 1. Frankrijk. Frankrijk beteekent den Koning van Frankrijk, op gemeenzame wijze door Koning Jan zoo genoemd; de gezant daarentegen drukt in zijn antwoord op de koninklijke waardigheid.

I. 1. 9. Arthur Plantagenet. Koning Hendrik II was gehuwd met Eleonore, gescheiden gemalin van koning Lodewijk VII van Frankrijk. De kinderen waren: 1. Hendrik († 1183); 2. Koning Richard Leeuwenhart († 1199); 3. Godfried van Bretagne, gehuwd met Constance, die één zoon naliet, Arthur; 4. Koning Jan, wiens zoon Hendrik III werd; 5. Eleonore, gehuwd met Alfonso van Castilië, uit welken echt Blanca gesproten is.

I. 1. 40. Ons is de macht van het bezit, en 't recht. Dat hij het recht op zijn zijde heeft, wil Koning Jan anderen, en misschien zichzelf diets maken; zijn moeder weet het beter en komt er voor uit.

I. 1. 92. Dat hij een half-gezicht heeft. De Bastaard neemt voor zijn broeder het woord en beantwoordt den koning. Hij vergelijkt het schrale, smalle gezicht van zijn broeder—diens halfgezicht—met het koningsbeeld op een zilveren munt, dat *en profil*, dus half, werd voorgesteld. Op oudere munten stond het koningsgelaat *en face*, dus geheel; het voorstellen *en profil* is later opgekomen. Grooten (1 Groot = 4 stuivers of *pence*) met het koningsbeeld en profil, *half-faced groats*, kwamen eigenlijk eerst onder Hendrik VII in Engeland voor.

I. 1. 145. Kijk eens, een tweeblanken-stuk. *Look, where three-farthings goes.* Zeer dunne zilveren munten, met het beeld van koningin Elisabeth *en profil* met een roos achter aan het hoofd; vandaar heette het muntstuk, waarmede de bastaard het smalle gezicht van zijn broeder vergelijkt, een three-farthings-rose. (Een *farthing* = ¼ *penny*.)

I. 1. 184. Elk Grietje, iedere boerendeern.—Eenige regels later wordt van tandenstokers gewaagd; deze waren in Sh.'s tijd een nieuwe mode, van het vasteland overgekomen; aan het gebruik er van herkende men den man van de wereld, die gereisd had en met uitheemsche manieren thuis gekomen was; zij werden zelfs als sieraad zichtbaar gedragen.

I. 1. 218. Heeft zij geen man enz. De rijdende boden hadden steeds een posthoorn bij zich, om hun komst aan te kondigen. Tevens bevat deze regel een variatie op het thema, dat voor de dichters der periode van koningin Elisabeth een onuitputtelijke bron van geestigheden was.

I. 1. 225. De Philistijnsche reus, de sterke man. Sh. noemt hier den Deenschen reus Colbrand, die door balladen aan het volk even zoo goed bekend was als wijlen Goliath aan ons is. Vondel zou gesproken hebben van den *Sparrewouwer reus*.

I. 1. 231. Philip! noem een musch zoo. Gurney, met de naamsverandering van den Bastaard nog onbekend, noemt hem met zijn ouden naam. *Philip, Phip* werd meermalen gebezigd, om de tjilpende musschen aan te duiden.

I. 1. 244. Knaap?—Ridder, ridder; goede moeder, ja. Het woord *knaap*, in het Engelsch *knave*, beteekent zoowel een dienaar van een ridder, als schelm. In het Engelsch zegt de Bastaard: „Ridder, ridder, goede moeder, evengoed als Basilisco." Basilisco is een vechtersbaas, een pochhans, uit het in Sh.'s tijd aan ieder bekende tooneelstuk „Soliman en Perseda", die zich „ridder" noemt, maar door den hansworst (*clown*) van het stuk met den naam van *knave* (knaap, schelm) bestempeld wordt. Deze toespeling, die hedendaagsche lezers onverschillig laat, is natuurlijk weggelaten.

I. 1. 266. Zelfs de onverschrokken leeuw niet kampen kon. Naar het volksverhaal had Richard Leeuwenhart een leeuw bestreden, hem het hart uit het lijf gerukt en zijn vel als mantel gedragen. Een ballade hield dit verhaal bij het volk levendig.

II. 1. 2. Voorzaat. Niet letterlijk op te vatten; Richard was de broeder van Arthurs vader.—Richard viel niet, zooals reg. 5 zegt, door den hertog (toen nog niet aartshertog) van Oostenrijk, maar bij de belegering van Chaluz, in den strijd tegen den Vicomte van Limoges. Dat hier, als in het ouder stuk van Koning Jan, de Hertog van Oostenrijk in de plaats treedt van den Vicomte van Limoges, levert een goeden grond op voor den wrok van den Bastaard tegen den Hertog, die het leeuwenvel, zijn buit bij het dooden van Richard, als mantel, draagt.

II. 1. 134. Hoort den roeper daar; den roeper, die bij openbare terechtzittingen stilte gebiedt.

II. 1. 288. Sint George, de schutspatroon van Engeland, prijkte zeer dikwijls op de uithangschilden van herbergen.

II. 1. 378. Doet als de muiters in Jeruzalem. De Joden waren in het door Titus belegerde Jeruzalem in drie partijen verdeeld, maar vereenigden zich tot een gemeenschappelijken uitval tegen de belegeraars.

II. 1. 503. In harer oogen schoone lijst gevat. In het Engelsch spreekt de dauphijn van zijn beeld, dat hij in het oog van Blanca teruggespiegeld, als het ware geteekend, *drawn*, ziet; hierop volgt een woordspeling van den bastaard met een andere beteekenis van *drawn*, „voortgesleurd".

II. 1. 573. Scheef overwicht der wereld, *the bias of the world*, de verzwaring van een kogel buiten het middelpunt, zoodat hij, voortgeworpen of gerold, een scheeve richting krijgt; de wereld wordt met zulk een rollenden kogel vergeleken.

II. 1. 590. Als hij zijn eng'len me in de hand wil drukken. Gouden engelen, van tien shillings waarde, zijn bedoeld. In het oorspronkelijke staat: „wanneer zijn schoone engelen mijn handpalm willen begroeten". Zulke engelen zijn ook bedoeld III. 3. 8.

III. 1. 1. Gaan huwen? De graaf van Salisbury, tot wien Constance spreekt, is blijkbaar de bode, door Koning Jan afgezonden, om haar uit te noodigen, zie II. 1. 554.

III. 1. 69. Want leed is trotsch, het buigt, die 't heeft, ter aard. Het, als persoon gedachte, leed is overmoedig en onderwerpt aan zich hen, die het bezitten, het drukt die ter aarde, zoodat zij aan geen andere bevelen gehoor geven.

Deze plaats is misschien bedorven; velen lezen met Hanmer *stout* voor *stoop*.

III. 1. 102. T e n s t r i j d g e r u s t enz. Het oorspronkelijke zegt: Gij kwaamt gewapend (*in arms*), om het bloed mijner vijanden te vergieten, maar nu versterkt gij het, arm in arm (*in arms*), of elkaar omarmend, met het uwe.

III. 1. 129. E n h a n g e e n k a l f s v e l o m d i e v u i g e l e d e n. Een kalfsvel liet men in Sh.'s tijd vaak door narren dragen.

III. 1. 270. W a n t d a t, w a t g i j b e z w e e r t, v e r k e e r d t e d o e n, I s n i e t v e r k e e r d m e e r, a l s g i j ' t g o e d v e r r i c h t. —*Goed verricht*, overeenkomstig uw plicht, dus op tegengestelde wijs, dus in het geheel niet verricht. De geheele redeneering van den pauselijken legaat kan een proefje gerekend worden van geslepen casuistiek.

III. 1. 323. P a a i T i j d d e k l o k k e m a n. De Tijd is, volgens den Bastaard, een oude koster, en daarom is het zijn taak het uurwerk te regelen en de klok te luiden.

III. 2. 4. T e r w i j l d e b a s t a a r d a d e m s c h e p t. In het oorspronkelijke wijst de bastaard zichzelf aan met zijn ouden naam Philip, gelijk ook in den volgenden regel Koning Jan hem er mee aanspreekt.

III. 3. 12. K l o k, b o e k e n k a a r s e n d r i j v e n m i j n i e t w e g; de banvloek der kerk zal mij niet afschrikken. Bij een banvloek werden de klokken geluid, werd de bijbel opgeheven en werden drie brandende kaarsen uitgebluscht.

III. 4. 2. E e n g a n s c h e a r m a d a. Blijkbaar een toespeling van Sh. op de onoverwinlijke vloot van 1588.

IV. 2. 42. Z o o d r a m i j n z o r g e n m i n d e r z i j n. Koning Jan meent: zoodra ik minder bezorgd ben voor Arthurs aanspraken op den troon. Koning Jan heeft zich werkelijk tweemaal laten kronen, om allen twijfel aan de rechtmatigheid van zijn koningschap te doen ophouden. De kroning was, naar de beschouwingswijze der middeleeuwen, meer dan een vorm; eerst door haar werd zelfs hij, die de rechtmatigste aanspraak op den troon had, werkelijk koning.

IV. 3. 11. **Ik zal hem bij Sint Edmund's Bury treffen**. Salisbury meent den Dauphijn, die door graaf Melun en den legaat Pandulf onderhandelingen had aangeknoopt met de onvergenoegde lords.

IV. 3. 123. **Geen geest der hel zal zoo afzichtlijk zijn**. De verdoemden waren afzichtelijker, naarmate hun schuld grooter was.

V. 2. 93. **Naar de eere van mijn huwlijksbed**; als gemaal van Blanca van Castilië, wier moeder een zuster was van koning Jan.

V. 2. 144. **Als uw landskraai kraaien ging**: *Even at the crying of your nations crow*. De Bastaard spreekt, spelend met het woord *crow*, dat *kraai* en *gekraai* beteekent, verachtelijk van den Gallischen haan.—Een oogenblik later, als hij reg. 152 de oproerige lords Nero's noemt, denkt hij bepaald aan Nero als moeder-moorder.

V. 2. 176. **Op zijn voorhoofd zetelt Het hongrig rif des doods**. De dood wordt als het helmteeken van Koning Jan gedacht.

V. 3. 11. **Goodwin's zanden**. Deze zandbanken aan de monding van de Theems zijn ook in den Koopman van Venetië, III. 1. 4. vermeld.

V. 7. 53. **Al het want, waarmee mijn leven zeilde**. Het want is het touwwerk ter zijde en achter den mast, de stag het touw, dat van den boeg naar den mast loopt en dezen tegen het achterovervallen steunt.

V. 7. 97. **Andre prinsen, die beschikbaar zijn**, die het best ontbeerd of gemist kunnen worden bij de onderhandelingen met den Dauphijn, zouden het lijk naar Worcester (tweelettergrepig: Wôrster, met zeer zachte *r*) brengen.

1

De ophelderingen, die voor het volledig verstaan van Sh.'s werken vaak noodig zijn, komen in zoovele uitgaven en dikwijls zoo gelijkluidend voor, dat het niet noodig, niet zelden ondoenlijk is, den eigenlijken auteur der aanteekeningen aan te halen; iets nieuws ter opheldering is moeilijk en meestal niet noodig te leveren. Daarom zij hier eens voor goed gezegd, dat vooral de uitgaven van Knight en Delius door mij geraadpleegd en gebezigd zijn, alsmede (zooals hier Gildemeisters inleiding op Koning Jan) de inleidingen en aanteekeningen der Hoogduitsche vertaling, onder toezicht van Bodenstedt bij Brockhaus te Leipzig uitgegeven. Dat er ook meermalen oorspronkelijke aanteekeningen bij zijn, zou bij onderzoek blijken.—De aanteekeningen zijn uitsluitend van ophelderenden of critischen aard en laten zich niet met aesthetische beschouwingen in.

[2]
Englische Geschichte, vierte Auflage, II^{de} Deel, Blz. 96.

Inhoudsopgave

Koning Jan. 393
I. Eerste Bedrijf. 393
   1. Eerste Tooneel. 393
II. Tweede Bedrijf. 397
   1. Eerste Tooneel. 397
III. Derde Bedrijf. 404
   1. Eerste Tooneel. 404
   2. Tweede Tooneel. 408
   3. Derde Tooneel. 408
   4. Vierde Tooneel. 409
IV. Vierde Bedrijf. 411
   1. Eerste Tooneel. 411
   2. Tweede Tooneel. 413
   3. Derde Tooneel. 416
V. Vijfde Bedrijf. 418
   1. Eerste Tooneel. 418
   2. Tweede Tooneel. 419
   3. Derde Tooneel. 421
   4. Vierde Tooneel. 422
   5. Vijfde Tooneel. 422
   6. Zesde Tooneel. 423
   7. Zevende Tooneel. 423
   Aanteekeningen. 425